Quem te mostrou o caminho?
Um cachorro!

Dados Internacionais de Catalogação na Publicação (CIP)
(Câmara Brasileira do Livro, SP, Brasil)

Marti, Lorenz
Quem te mostrou o caminho? Um cachorro! : a mística descoberta no cotidiano / Lorenz Marti ; tradução de Antônio Celiomar Pinto de Lima. – Petrópolis, RJ : Vozes, 2009.

Título original: Wer hat dir den Weg gezeigt? Ein Hund! : Mystik an der Leine des Alltäglichen
ISBN 978-85-326-3879-3

1. Autoconhecimento 2. Conduta de vida 3. Espiritualidade 4. Misticismo 5. Vida cotidiana 6. Vida cristã I. Título.

09-05331 CDD-248.4

Índices para catálogo sistemático:
1. Reflexões : Autoconhecimento : Vida cristã 248.4

LORENZ MARTI

Quem te mostrou o caminho?
Um cachorro!

A mística descoberta no cotidiano

Tradução de
Antônio Celiomar Pinto de Lima

EDITORA VOZES
Petrópolis

Wer hat dir den Weg gezeigt? Ein Hund! Mystik an der Leine des Alltäglichen,
Lorenz Marti

Rua Frei Luís, 100
25689-900 Petrópolis, RJ
Internet: http://www.vozes.com.br
Brasil

Diretor editorial
Frei Antônio Moser

Editores
Ana Paula Santos Matos
José Maria da Silva
Lídio Peretti
Marilac Loraine Oleniki

Secretário executivo
João Batista Kreuch

Editoração: Frei Leonardo A.R.T. dos Santos
Projeto gráfico: Victor Mauricio Bello
Capa: WM Design

ISBN 978-85-326-3879-3 (edição brasileira)
ISBN 978-3-451-29474-7 (edição alemã)

Editado conforme o novo acordo ortográfico.

Este livro foi composto e impresso pela Editora Vozes Ltda.

Às vezes nós vamos buscar, e não sabemos o que estamos buscando, até estarmos de novo onde começamos...

Robert Lax

Sumário

Partir

Justamente um cachorro! Nunca imaginei que um dia tomaria um cachorro como herói que dá título a um livro, cujo tema é a mística. Entretanto, neste livro, o cachorro não é propriamente um herói, seu papel é marginal. Ele passeia três vezes por um capítulo e de novo desaparece. Por isso, ele é especial.

O cachorro representa tudo aquilo com que eu me deparo cotidianamente e, aparentemente, é tão comum que quase passa despercebido, exatamente como um cachorro comum. Porém, "comum" é um rótulo e nada mais. Quando colo este rótulo a alguma coisa, creio conhecê-la e raramente tornarei a olhá-la; pois não me interessa mais.

O rótulo cobre o essencial. Arrancando-o, posso ter surpresas. O que seria corriqueiro, ordinário, não é de maneira nenhuma tão comum. O que falta é olhar corretamente. Quanto mais longa e profundamente eu olhar, tanto mais descubrirei. Nada continua sendo óbvio. Aí começa a admiração, um acesso importante, talvez o mais importante, para a mística.

Mística é o pressentimento de que tudo o que eu percebo com meus sentidos traz em si algo misterioso. Não posso dar-lhe um nome, e no entanto ele está aí sensivelmente. Uma realidade última, oculta, que tudo abrange, perpassa e anima. Uma canção que dorme em todas as coisas, como diz o famoso poema de Eichendorff. Uma grande conexão na qual tudo é superado.

No entanto, com a mística acontece o mesmo que com uma poesia ou uma música: é impossível explicá-la, e sob o bisturi do analista ela se decompõe.

Mas a gente pode saboreá-la.

É disso que se trata neste livro. Em setenta passeios, associo experiências cotidianas com testemunhos da mística e da filosofia. São passeios, em sentido literal e figurado: também os pensamentos passeiam. Aqui o mundo é diferente a cada passo: Um atalho conta histórias. Uma árvore faz pregação. Seixos viram diamantes. E uma autoestrada põe em prova a felicidade.

O passeio pelo barulho de uma cidade se transforma em meditação. Uma vitrina leva ao autoconhecimento. E a chuva que cai silenciosa na cidade sonolenta é um convite a estarmos confiantes.

Outras pessoas cruzam o caminho: uma senhora idosa, no meio do caminho, ensina aos apressados a arte de ver; uma cabeleireira faz um ritual; um teólogo confecciona um banco de jardim e um reformador caça pardais.

Animais entram em cena: através dos olhos de uma vaca o universo contempla o que passeia, uma mosca inoportuna revela-se uma maravilha da natureza e um cachorro sedento se torna um mestre.

No caminho para o trabalho a pressão por rendimento e a falta de tempo põem em perigo a serenidade da alma. Porém um velho monge tem um bom conselho a dar. E, mesmo com o aspirador barulhento, pode-se fazer as pazes quando se encontra para ele o nome certo.

Finalmente uma viagem de trem mostra ao viajante como o tempo é relativo – e mostra que a vida raramente decorre segundo um itinerário preestabelecido.

Os setenta passeios terminam em uma fronteira. Um encontro desagradável nos faz reflexivos e oferece novas percepções da realidade. Lao-Tsé passa ao lado. E, em meio a todas as limitações, pode-se sentir uma ilimitada liberdade.

Ao passear, normalmente sentimos certo desembaraço. Conseguimos abordar ludicamente sérias questões. Isto desfaz contrações e abre novas perspectivas. Passeios criam espaço, ampliam a consciência e o coração.

E, finalmente, é a ânsia por amplidão que move sempre de novo para a partida.

A verdade anda a pé

Há no mundo um único caminho pelo
qual ninguém além de você pode ir.
Aonde ele conduz? Não pergunte, siga-o!
Friedrich Nietzsche

1 Caminhar, simplesmente caminhar

Em nossa sociedade agitada, passear é um luxo, quase uma sem-vergonhice. Quem passeia prova que tem tempo, que manda na própria vida e que caminha por si mesmo. Quem passeia, raramente, quer provar algo, quer simplesmente passear. Caminha pelo próprio caminhar.

Nenhum passo é predeterminado; a direção e o tempo podem ser alterados a qualquer momento. Aqui também as veredas são acolhidas, e às vezes até mesmo buscadas. Os caminhos diretos nem sempre são os melhores.

Quem passeia distancia-se do *mainstream* de um pensamento linear que gostaria de chegar com a maior rapidez e eficiência possível de A a B e nisto apenas percebe o mundo como um bastidor que passa correndo fugidiamente. O caminho lento convida a demorar-se contemplando, a refletir e meditar.

Pessoas que passeiam não têm mais tempo do que as outras, porém convivem diversamente com o tempo: em vez de se deixarem agitar pelo relógio, elas tiram o relógio. Elas se permitem espaços livres. Não têm de poupar o tempo e também não têm medo de perdê-lo. Nada as aprisiona, nada as faz caminhar. Elas caminham em liberdade, passo a passo, aladas pela felicidade da presença.

Caminhar é música. Disso sabia Mozart, que passeava quando queria compor. Então só assim as notas lhe ocorriam; ele ouvia caminhando o que escrevia mais tarde em casa.

Caminhar significa: despedir-se e recomeçar. A cada passo, é abandonado um ponto de vista e um novo é buscado. E, tão logo é encontrado, também este tem de ser abandonado. Nada está fixado; tudo se move – e tudo passa. Mudança e transitoriedade não são teoria, mas realidade diretamente vivenciável. O caminho é imagem e símbolo da vida enquanto tal.

O fato de muitos espíritos iluminados terem andado a pé não tem a ver apenas com falta de meios de transporte. O caminhar é parte de sua doutrina. Buda deixou para trás a vida cômoda no palácio paterno e começou a viver sem um teto. Abraão ouviu um chamado e o seguiu, sem saber aonde sua viagem o conduziria. Moisés caminhou com o povo de Israel ao longo de décadas pelo deserto. Também Jesus não tinha nenhuma residência fixa; seu lar eram as estradas poeirentas da Palestina.

Tamanha mobilidade representou um peso para seus seguidores. As sabedorias provenientes do caminhar foram enclausuradas em firmes edifícios doutrinários que deveriam oferecer proteção e segurança – e tinham de ser defendidas contra críticos e inimigos. Do espírito aberto do caminhante sobrou bem pouco. Entretanto ele nunca se apagou totalmente, permanece vivo no coração dessas tradições e também é descoberto sempre de novo.

Um caminho apenas subsiste quando as pessoas caminham por ele; do contrário ele se fecharia e se converteria em selva. Quem caminha segue os rastros de outros e, ao mesmo tempo, deixa um rastro que outros podem seguir. O caminhar associa o caminhante com predecessores e sucessores. Ele é parte de um grande movimento através do espaço e do tempo, move-se no fluxo com um mundo que igualmente se move em seus próprios ritmos.

O caminho acolhe todos os que querem trilhá-lo, não pergunta por nome, origem e profissão. Ele deixa que todos caminhem. E pode ser que ele sopre aos ouvidos do caminhante algumas palavras do místico persa Rumi:

> Venha, venha, quem quer que você seja:
> caminhante, buscador, tanto faz.
> Isto não é nenhuma caravana de desespero.
> Venha, mesmo se
> houver quebrado seu juramento mil vezes.
> Venha, comece de novo, venha.

2 O filósofo na vereda

Caminhos contam histórias. Também as estradas, travessas e passeios públicos o fazem. Porém as mais belas histórias são contadas por uma vereda. Ela mesma é um pedaço de história onde se enterraram muitos rastros. Ela não se protege com um manto de breu, está aí aberta, exposta ao vento e ao tempo, tanto quanto as pessoas que por ela passam.

A vereda fala baixinho. Para ouvir suas histórias, a gente tem de caminhar com atenção. São histórias que falam das vicissitudes da vida: das subidas extenuantes e das descidas fáceis, dos trechos retos, nítidos, e das curvas que escondem o que vem a seguir, das tempestades do inverno e da abundância do verão, do irromper da primavera e do desfalecer do outono. Aí se vê uma serenidade que não é afetada pela constante mudança das circunstâncias exteriores e a felicidade da simplicidade em um mundo altamente complexo.

Isso impressionou profundamente um filósofo que é um dos mais importantes, mas também um dos mais difíceis pensadores do século XX – Martin Heidegger. Ele dedicou sua obra-prima à pergunta pelo Ser em um tempo limitado pela morte. Acontece que ele escreveu em uma linguagem tão obstinada, tão enigmática, que certamente apenas poucas pessoas o compreenderam.

Em compensação, é bem diferente o pequeno escrito que Heidegger dedicou a uma vereda bem comum: aquele escrito é de uma beleza singela, não refinada. Um louvor único à "força inesgotável do simples" que o filósofo descobriu na vereda. Quem se entrega a esta simplicidade renuncia a muita coisa. Mas, diz Heidegger, trata-se aqui de uma renúncia que nada toma, mas dá.

Martin Heidegger andava frequentemente a pé. Caminhar era para ele um exercício contemplativo, um refúgio quando se emaranhava demais nos enigmas de *Ser e tempo*.

Na vereda, o filósofo seguia seus caminhos. Sentia-se pertencente à paisagem por onde caminhava. Ela tornou-se o espaço de ressonância de seu pensamento. No caminhar, ele vivenciava uma amplidão que não era limitada pelas colinas e florestas: "A amplidão de todas as coisas crescidas que se demoram em torno da vereda do o mundo".

Heidegger passou quase toda sua vida em Freiburg e em uma cabana solitária na Floresta Negra. Praticamente nunca viajou. Deparava-se com o mundo em seus passeios. No bem simples ele descobria o bem grande; no transitório, o permanente; no temporal, o eterno.

Se as primeiras flores narravam a felicidade do recomeço, se uma cotovia adentrava a manhã de verão ou névoas sombrias repousavam opressivamente sobre as colinas – sempre de novo Heidegger apreendia o que a vereda tinha a lhe falar. Essa fala encorajadora o deixava confiante. Ele "serenizava" tudo, como escreve o filósofo em sua linguagem peculiar. E esta serenidade profunda é para ele um acesso ao eterno.

E hoje?

Muitas trilhas foram asfaltadas ou se transformaram em estradas. A fala encorajadora da vereda desfalece crescentemente sob o barulho. Sua força serena se atenua. Heidegger pressentiu isso e temeu que o ser humano com isso se tornasse "disperso e sem caminho".

Mas eles ainda existem – os velhos, os entrelaçados caminhos, com suas histórias. Basta que a gente os busque quanto tempo for necessário – e escute com bastante atenção. Então de repente ela está aí de novo, esta estranha fala encorajadora que dá esperança e nos deixa serenos.

3 As árvores são os melhores pregadores

Quando estou cheio de tudo, gosto de me refugiar em uma floresta. As florestas protegem e aconchegam, são como catedrais onde a gente entra e silencia. Escurece, e sente-se um cheiro de umidade. Grandes e poderosas aí estão as árvores, testemunhas silenciosas do passado. Protegido do barulho lá de fora, na penumbra sombria, algo atemporal toca aquele que caminha pela floresta.

Para o cosmólogo Brian Swimme a floresta é um santuário: "Quando adentrar uma floresta, aprenda a estremecer perante a grandeza que o cerca; e nunca deixará a floresta. O Eu que entrou na floresta não existirá mais, pois você se renovará; você carregará a floresta consigo..."

Isso soa promissor. Certamente na floresta eu nunca me livrei de meu Eu, e ouso duvidar que alguma vez ao deixá-la eu seja um homem novo. E, no entanto, acontece cada vez algo comigo. O Eu passa de fato a segundo plano face às árvores poderosas e veneráveis. Ele não é mais assim tão importante, e talvez por um momento eu o esqueça totalmente. O silêncio e a escuridão encantam e criam uma esfera de aconchego. É bom estar aqui.

Muitas árvores estão no mesmo lugar há décadas. De dia e de noite, no verão e no inverno. Em um mundo permanentemente agitado, elas incorporam uma serenidade que faz bem.

Apesar de permanecerem no mesmo lugar, as árvores conservam certa flexibilidade, caso contrário, não resistiriam às ventanias. Por décadas, silenciosa e lentamente, elas se transformam, sem deixarem de ser o que são.

As árvores são individualistas. Cada uma cuida de si e é diferente das outras. Ao mesmo tempo, cada uma se encontra em intenso intercâmbio com seu ambiente: suas raízes a proveem de água e nutrientes; pelas folhas, ela recebe dióxido de carbono e libera oxigênio e vapor, enquanto capta a necessária energia do sol. Singularidade acentuada e abertura ao ambiente fazem da árvore uma árvore. Disso eu, ser humano, tenho apenas que aprender.

As raízes de uma árvore adentram profundamente o chão, dando-lhe apoio e firmeza. Assim ela pode crescer, estender seus ramos na direção do céu, portar folhas e frutos. O movimento vai para cima, para a luz, ao mesmo tempo, porém, para baixo, para dentro da terra escura. Em todo crescer estão sempre contidos também o desintegrar-se e o morrer: a cada outono, a árvore recolhe sua energia e deixa as folhas caírem. E em cada morrer anuncia-se a nova vida: no final do outono ela forma os botões que, na primavera, serão folhas.

E, assim como uma vereda, assim também as árvores contam suas histórias. São histórias da felicidade do verão e do frio do inverno, do sussurrar dos ventos da primavera e do bramido das tempestades do outono. Histórias de ferimentos e de curas, de ameaças e de esperanças. "Árvores sempre foram para mim os mais instigantes pregadores – confessa Hermann Hesse. Quem sabe falar com elas e escutá-las vivencia a verdade". A verdade é, segundo Hesse, que toda árvore chega a sua própria forma a fim de realizar a lei que nela habita e, "no que lhe é mais próprio, configurar e mostrar o eterno".

Sem palavras, as árvores fazem pregações. Em silêncio, apontam para aquilo que é realmente importante.

Ao deixar a floresta, pode ser que eu não seja mais totalmente o mesmo que nela entrou. Algo aconteceu comigo, ainda que eu não saiba exatamente como explicar. Este mistério a floresta guarda para si.

4 Para onde vão as nuvens

A gente pode passear em qualquer tempo. Os belos dias de céu azul, ensolarados, são atraentes para muitos. Em tempo chuvoso, neve ou tempestade, aquele que passeia está frequentemente sozinho. Entretanto, os dias são, em sua maioria, indefinidos, uma mistura de sol e nuvens, às vezes chuvosos.

Como pedestre, a gente tem de se equipar adequadamente. Para isto existe a previsão do tempo. Nos últimos anos, ela se tornou cada vez mais detalhada. A mídia, que antes se contentava com a indicação do tempo para hoje e amanhã, atualmente pode fazer previsões para uma semana inteira. Os meteorologistas afirmam saber o que se deve esperar para os próximos dias. Eles dão a impressão de um mundo previsível, confiável e seguro. Sua segurança é simplesmente benfazeja em tempos inseguros como os nossos.

Antigamente, as pessoas procuravam o sacerdote para saber algo mais concreto sobre o futuro. Hoje os sacerdotes vêm, via rádio e TV, ao nosso próprio quarto. Em dois ou três minutos eles celebram seu culto meteorológico e interpretam os sinais celestes. O tom alegre de sua fala tranquiliza, mesmo no caso do pior prognóstico. Tudo parece ter sua ordem, mesmo quando, há dias, está nublado, frio e úmido.

Esse pessoal que cuida do tempo tem qualidades de pastores de almas. Eles sabem que o mau tempo não nos alegra; e eles parecem sofrer junto com a gente quando o barômetro baixa. Inversamente, seu tom descontraído se torna ainda mais descontraído quando lhes é dado anunciar uma temperatura mais alta estabilizada. Eles se alegram e sofrem conosco – como convém a bons pastores de almas. Inspiram confiança, mesmo quando se enganam. Suas previsões dão um sentimento de confiança, ainda que nem sempre sejam de fato confiáveis, uma vez que as nuvens continuam com a liberdade de irem para onde quiserem.

Mas confiabilidade é mesmo uma coisa delicada. O tempo vale como um exemplo clássico de um sistema caótico. Aqui interferem tantos fatores influenciando-se mutuamente que uma previsão precisa se torna difícil por demais. Em vez de estarmos perante um mundo ordenado, nós estamos diante de uma confusão, que ninguém sabe como se desenvolve e o que surge daí.

Investigadores que se ocupam com sistemas caóticos são muito reservados em suas declarações. Eles falam de possibilidades, probabilidades – e de acaso. Porém os sacerdotes do tempo não podem, naturalmente, argumentar assim – afinal, nós queremos ter certeza. E no momento certo nós queremos ter um guarda-chuva.

Porém, mesmo em meio a todo planejamento inteligente, a gente pode se molhar, como mostra uma história maravilhosamente paradoxal e também um tanto caótica do escritor iídiche Scholem Aleichem:

> Dois homens passeavam pelo campo, quando chegou a chuva.
> Um deles tinha consigo seu guarda-chuva; o outro, não.
> – Por que você não abre seu guarda-chuva? – quis saber
> o homem sem guarda-chuva.
> – Não adianta – replicou o outro – o guarda-chuva é furado.
> – Por que então você o carrega?
> – Eu pensei que não ia chover.

5 A caminho, sem muletas

Tac, tac, tac. Quando a caminho ouço este barulho, sei que alguém está marchando por aí com dois bastões, praticando o esporte chamado *nordic walking* – muito popular atualmente na Europa. E assim sempre mais homens e mulheres, pessoas bem saudáveis, caminham com dois bastões.

Isso me faz lembrar uma história do sufismo, a mística do Islã. Aí se fala de um homem idoso que havia quebrado a perna e tinha de andar com muletas. Nisto ele descobriu como eram úteis os dois bastões. Eles o ajudavam a caminhar e, além disto, ele podia afastar com eles pequenos obstáculos ou espantar cachorros que se levantassem contra ele. E, se ninguém o visse, ele apanhava, usando um dos bastões, um fruto da árvore do vizinho.

O velho estava entusiasmado e manteve os bastões quando sua perna já estava curada. Logo também sua mulher, seus filhos e seus netos estavam também andando com muletas. O novo modo de andar se difundiu na aldeia e, finalmente, em todo o país. Havia bastões em todas as cores e formas, e havia muletólogos diplomados que ensinavam como se anda com tais coisas.

Um dia, após muitos e muitos anos, algumas mulheres e alguns homens desistiram dos bastões. Eles haviam descoberto que seria possível andar sem recursos alheios, mas ninguém acreditava neles. Muitos ridicularizavam aqueles que recusavam as muletas, outros batiam na testa e os xingavam. Por último os rebeldes foram levados ao presídio por insubordinação. Pois uma coisa estava decidida: muletas fazem parte do ser humano.

Aqui termina a história. Um triste fim. Eu não creio que se chegue a tanto com o *nordic walking*. Outras muletas me dão mais a pensar: por exemplo, o celular, sem o qual quase ninguém e quase nada mais funciona, o automóvel, esta muleta barulhenta e malcheirosa sobre quatro rodas, ou a internet (o que, você não está ainda *on line*?).

Muletas são também todas as ideologias, opiniões e preconceitos enrijecidos que substituem o pensamento livre, autônomo. São também as autoridades, nas quais a gente se apoia para não ter de ser independente.

Os sufis contavam esta história porque amavam a liberdade acima de tudo. Assim como muitas outras místicas e muitos outros místicos, eles não se deixavam aprisionar por nada nem por ninguém. Moviam-se livremente e não tinham pejo de pôr abaixo as convenções quando estas haviam se tornado cadeias. "Escola e minarete têm de desmoronar", explica o mestre sufi Idris Shah, e acrescenta: "Enquanto a fé não se tornar uma rejeição e a rejeição não se tornar uma fé, não há nenhum verdadeiro muçulmano".

Tais frases são uma provocação. Para os adeptos das muletas, um escândalo só. Eles veem ameaçado o fundamento ali onde, na realidade, apenas se tirou o chão do fundamentalismo.

É bom saber que mesmo os sufis não rejeitam por completo as muletas. Elas têm sua razão de ser como recursos provisórios. Elas ajudam o homem de perna quebrada a dar os primeiros passos. Porém, se uma vez curado e podendo andar por si mesmo ele no entanto continuar se segurando em seus bastões, então ele está abrindo mão de sua liberdade. Ele perde literalmente sua autonomia.

Assim é que os sufis entendem também as doutrinas e formas, instituições e autoridades: são auxílios para o caminhar, que, no tempo certo, têm de ser novamente depostos. Pois só é livre quem está sobre os próprios pés – e pode andar por si mesmo.

Tac, tac, tac. Lá vem mais um. Devo admirá-lo, rir dele ou ter pena dele?

Nada disso: eu digo "bom-dia" e vou adiante.

Sem bastões...

6 Alegria interior, em vez de especulações

Mesmo quando ando sozinho, raramente estou só. Minhas preocupações me seguem em meus calcanhares. Assim, pode acontecer de, em meio à mais bela paisagem, eu estar pensando apenas em coisas desagradáveis.

Diz o Sermão da Montanha que nós devemos ser como as flores no campo, livres de todas as preocupações. Porém, quando estou assim envolvido em minhas fantasias sombrias, não consigo ver flores.

Vez por outra, eu desperto do pesadelo e olho bem para frente. É quase como se eu tivesse de pedir desculpas às flores por haver passado por elas assim tão displicentemente. Em todo caso, agora eu estou aí, pelo menos por um momento, e sozinho.

Então eu vou à frente e, após alguns passos, as preocupações já me acompanham novamente. De novo começa seu palavrório importuno e cansativo. E já de novo cai um véu cinzento sobre a bela paisagem e, além de minhas preocupações, quase não percebo mais nada.

Chega!

Eu paro e jogo fora as companhias desagradáveis. Agora não é o momento de me preocupar. E também não há um motivo imediato para isso. Aqui não. Aqui está uma vereda, orlada de um prado com muitos dentes de leão de cores intensas. Ao lado, algumas macieiras em plena florescência.

Por que me preocupar?

Observando-me direito, eu constato que não confio plenamente nos momentos especialmente harmoniosos e belos por faltarem as preocupações. Eu começo a ver se não se encontra um problema em algum lugar, e cada vez encontro um. Nesse sentido, eu não tenho o direito de me queixar da inconveniência de minhas importunas companhias, pois sou eu mesmo que as convido, mesmo se raramente tenho consciência disso.

Mas há, com certeza, melhores companhias. Por exemplo, o velho Jesus Ben Sirac. Ele viveu há mais de dois mil anos e era aprendiz da sabedoria na Academia de Jerusalém. Alguns de seus adágios (cf. o livro bíblico do Eclesiástico, ou Sirácida) são verdadeiras orientações para uma vida feliz.

Porque já naquele tempo as pessoas se preocupavam demais, adverte Ben Sirac: "Não se entregue às preocupações, não cause danos a si mesmo por meio de suas especulações! Pois a alegria interior é vida para o ser humano, e a satisfação engrandece seus dias". Se eu caminhar com estas duas frases em vez de caminhar com as muitas preocupações, então meu caminho será percorrido de outro modo. A alegria interior desperta, e eu saboreio aquilo que estou vivenciando.

Provavelmente muitas preocupações são também uma forma inconsciente de a gente se assegurar contra possíveis golpes baixos. Na Antiguidade a meditação sobre o mal, a *praemeditatio malorum*, era um método para se estar preparado para o pior. Se isso ocorresse, a pessoa já estava preparada; se não acontecesse (o que certamente era o mais comum), a pessoa experimentava uma grata surpresa. Certamente esta *praemeditatio* era um exercício feito conscientemente para se poder enfrentar adequadamente a vida. As preocupações, por sua vez, pululam no escuro da inconsciência e apenas espalham angústias difusas.

Ben Sirac nos lembra que preocupações e pessimismo nos fazem envelhecer antes do tempo, encurtam a vida. Esta observação poderia agora dar ensejo a mais uma preocupação, porém não era isto, naturalmente, que meu acompanhante tinha em mente. Ele apenas chama a atenção para as consequências das preocupações. E seria bastante sem sentido me deixar envelhecer antes do tempo apenas por preocupações, enquanto eu passeio em meio à paisagem primaverilmente jovial.

"Não deixe escapar as alegrias que lhe estão destinadas", diz Ben Sirac. Ele não está pensando em alegrias de um futuro longínquo. Ele está pensando na alegria de estar aqui e poder dar o próximo passo.

7 Horas de voo para a alma

Para onde quer que eu vá, no mais das vezes eu tenho comigo um livro. Ler quando se está a caminho tem sua especial atratividade. Eu leio à sombra de uma árvore; à margem de um riacho; num café; em algum banco de estacionamento em uma cidade. Quando então eu vou adiante, o que foi lido ressoa, desenvolve-se e me abre novos espaços.

Deve-se escolher cuidadosamente a leitura para ser feita quando se está a caminho. Nem todo livro serve. Não procuro apenas distração ou informação; quero experienciar algo sobre mim e sobre meu lugar neste mundo frequentemente tão estranho.

Ler quando se está a caminho é meditação, é entrar num texto alheio e ali se encontrar consigo mesmo, é ser abordado e responder. É reconhecer modelos e conexões. É como se o autor tomasse o leitor pela mão para lhe mostrar o mundo e o seu lugar nele.

Sempre leio tais livros com um lápis na mão. Sublinho o que me é importante, talvez escreva também uma observação à margem. Converso com o livro e lhe lanço perguntas, reajo a suas respostas e eventualmente também contesto. Isso é tornar-se "contemporâneo" do texto, como diz o filósofo Sören Kierkegaard: "Não leio um relato do passado, olho em um espelho. E este me mostra sempre no presente, aqui e agora".

Kierkegaard chama isso uma leitura "existencial". Assim, e apenas assim, se deve, na sua concepção, ler a Bíblia, este grande livro de histórias da humanidade. Para Kierkegaard, a Bíblia é um espelho. Ele acusa os teólogos de seu tempo de estudarem apenas a forma e a natureza deste espelho, em vez de olharem diretamente para dentro dele.

Uma leitura existencial pressupõe que eu não apenas sobrevoe fugidiamente um texto, mas que o deixe agir sobre mim. Isso requer tempo. No caminhar, o que foi lido pode tomar pé. Ele se achega a mim, um pouco mais a cada passo. Frases isoladas retornam, encontram um eco e me acompanham um pouco adiante. De modo totalmente natural, resulta uma vinculação rítmica de respiração, passos e palavras. As palavras vão ganhando profundidade.

Aqui se pode chegar a uma estranha inversão: assim como eu leio o livro, assim também o livro me lê. Segundo Kierkegaard, a leitura existencial de um texto pode transformar-se em um *ser lido* pelo texto. Expresso de outro modo: através dos óculos de uma história alheia eu contemplo minha própria história e, talvez, eu aprenda com isto.

Kierkegaard pensa que o ler tem sobretudo a tarefa de edificar o ser humano e despertar nele o bem. Aqui não se trata nunca de metades, mas do todo: "Não impeça o voo de sua alma, não aflija o que há de melhor em você, não extenue seu espírito com meios desejos e meios pensamentos. Pergunte-se, e não pare de perguntar até que encontre a resposta... Apenas uma verdade edificante é verdade para você".

Ao voo da alma pertence a amplidão do céu. Por isso, ler ao ar livre tem sua especial atratividade. Guardar o livro e seguir adiante deixa bastante espaço para as perguntas que emergiram da leitura – e para possíveis respostas.

Os livros que me acompanharam em passeios, excursões e viagens mostram rastros: são amarrotados, desbotados, amarelados, têm manchas e rasgões, e alguns quase se desmancham. Rastros da vida. Eu gosto disso. Também os livros surgem e depois passam. Eles são acompanhantes por algum tempo.

8 Caminhando com Walser

Às duas horas da manhã, o escritor Robert Walser chegou a Berna. Às seis horas, ele chega a Thun, cidade situada na entrada do planalto de Berna. Ao meio-dia, ele está no Nies, uma montanha marcante, em forma de pirâmide, 2.362 metros acima do nível do mar. Abre uma lata de sardinha e come um pedaço de pão. Então se põe a caminho de casa. Ao anoitecer está em Thun. À meia-noite está de novo em Berna.

Tudo a pé.

Mais ou menos cem quilômetros e 1.800 metros de altitude.

Provavelmente hoje a gente daria a isto o nome de Maratona do Nies, ou *Swiss-Mountain-Hiking*, e equiparia os corredores com todo tipo de acessórios dotados de intenso brilho. Walser, porém, foi em toda simplicidade. Em uma roupa cinzenta desgastada e com um chapéu surrado na cabeça.

Ele também foi a pé de Berna a Genebra. Ele mesmo chamou a marcha de 150 quilômetros de "passeio", conceito que, para ele, transparecia melhor o caráter ocioso do caminhar – ao contrário da marcha, muito militar. Dadas as grandes distâncias, Walser deve ter desenvolvido, em suas caminhadas no Nies e até Genebra, uma velocidade bastante alta.

Entretanto, no mais das vezes seu esforço era bem menor. Em seus passeios ele frequentemente parava para olhar, para escutar, para ser. Tais momentos lhe pareciam estranhamente solenes: "Eu estava assim de pé e escutava. De repente era possuído por um indizível sentimento cósmico, por um sentimento de gratidão que irrompia impetuosamente da alma". Em suas caminhadas, ele também gostava de sentar-se em uma taberna para, servindo-se de um cálice de vinho tinto e de uma boa refeição, deixar que as muitas impressões continuassem agindo sobre ele.

Isso foi há bons oitenta anos. Hoje muitas trilhas desapareceram ou foram asfaltadas. Uma intensa rede de autoestradas atravessa o país. Vai-se ao planalto de Berna ou ao Lago de Genebra a cem quilômetros por hora ou mais. Naquele tempo eram bem poucos os que viajavam por aquelas terras com seus barulhentos automóveis. Walser não os compreendia. Ele se perguntava como era possível que alguém corresse, em meio àquela bela paisagem, como alguém que ficou louco e teve de correr para fugir do desespero e da desgraça.

Toda aquela agitação lhe repugnava. Ele escolheu um outro ritmo. Ele ia a pé.

O passeio era para ele um elixir da longevidade: "Sem passear eu estaria morto". No caminhar ele se sentia vivo, ligado à paisagem – e às pessoas que encontrava a caminho.

Robert Walser precisava do caminhar como compensação pela sua inconstante vida de poeta, à margem da sociedade. No caminhar ele podia muito bem desligar-se. Ele esquecia o que estava atrás dele e o que pudesse vir lhe causava pouca preocupação. "A magnífica imagem do presente tornava-se rapidamente uma sensação predominante – escreveu ele. O futuro desvanecia-se e o passado diluía-se. Eu mesmo ardia e florescia no ardente e florescente momento."

Ao caminhar Walser conseguia esquecer-se totalmente. Ele se diluía no mistério do momento, perdia-se nele – e nisto era feliz.

Uma meditação? Uma experiência mística?

Walser apenas balançaria a cabeça, acenderia um cigarro e murmuraria: "Ponto final, e tudo bem. E agora, seguir em frente. Andar a pé é infinitamente belo e bom, simples demais".

9 O deserto do caminhante

Como caminhantes, somos confrontados, vez ou outra, com coisas feias. Até agora o caminho conduzia ao belo cume de uma montanha. De repente, a gente está perante uma gigantesca estação de teleférico, construída de concreto, com um restaurante serrano anexo e um desolado parque para os pequenos. Mais feio não podia ser. Ou ainda, ao caminhar pelo planalto de Berna, mesmo com toda boa vontade, é impossível deixar de ver todas as casinhas unifamiliares que nos últimos anos foram jogadas sem qualquer planejamento no "verde". E no parque à beira do lago, onde antes se encontravam os veneráveis, poderosos plátanos, encontra-se agora um hotel cinco estrelas com garagem subterrânea e piscina.

Em meu passeio matinal diário, passo não apenas pelo campo e por uma pequena floresta, mas também por um trecho ao longo de uma estrada muito movimentada. Os muitos automóveis assustam o caminhante. Eles têm um quê de violento. Seu barulho quebra o silêncio do dia que começa.

Não há como negar: o idílio tem fendas. Quase em toda parte, para onde quer que eu vá, mais cedo ou mais tarde, desmorona o sonho de um mundo saudável. Certamente aqui e acolá recrudesce a felicidade, fugidia e passageira. A plenitude se dá apenas por um momento, não para sempre.

Quando os primeiros eremitas cristãos se estabeleceram no deserto, buscavam conscientemente uma paisagem escassa e deserta que – na sua percepção – não fosse de maneira nenhuma bela. Provavelmente eles iriam hoje se estabelecer na selva de concreto de uma grande cidade. Ou à margem de uma estrada muito movimentada. Parece que o caminho para a salvação não passa à margem, mas bem por dentro do infortúnio.

Esta perspectiva não é nada atraente, mas não há outro caminho. Somente onde o não belo não é mais obscurecido é que a verdadeira beleza pode manifestar todo seu brilho. Segundo o filósofo Theodor W. Adorno, uma felicidade que se funda na repressão não é verdadeira. Ele pergunta: "O que seria uma felicidade que não se medisse pelo imensurável sofrimento do que existe?"

Causa dor a visão de uma feia estação de teleférico no meio dos Alpes. É horrível esta coisa que me rouba as últimas ilusões de um saudável mundo das montanhas. Isto me irrita. E, se não prestar bem atenção, eu mesmo me torno bastante feio face ao feio. Eu me sinto melhor quando desvio o olhar e contemplo as montanhas, cujos campos de neve suam ao sol.

Porém eu posso também tentar ver *ambas* as coisas: o bloco de cimento do teleférico *e* os campos de neve cintilantes. As duas coisas são uma realidade. O mundo não é apenas feio; ele também é belo. Ele não é apenas belo, mas, também, feio. E se eu olhar por bastante tempo, facilmente começa a se diluir a linha que separa o belo do feio. O que, precisamente, é belo agora, e o que é feio?

Em minha estrada hostil, onde de manhã cedo um carro persegue o outro, há às vezes curtos intervalos. Momentos nos quais não se pode ver nenhum carro e não se pode ouvir nenhum motor.

Por alguns segundos a estrada pertence apenas ao caminhante. Raramente eu experimento de modo assim tão direto quão intenso e benfazejo pode ser o silêncio. Eu gostaria de detê-lo e protegê-lo, porém uma nova avalanche de automóveis já se aproxima vindo de trás e, em trovoada, o atropela.

O mundo não é assim tão idílico e saudável quanto eu gostaria que fosse. O mundo é também um deserto. Mas, segundo as doutrinas dos eremitas do cristianismo primitivo, são justamente as rupturas e os obstáculos que fortalecem o caminhante e o fazem avançar em seu caminho.

10 "Louvado seja Deus" ou "Oi"

Como caminhante, a gente vivencia às vezes estranhas transformações. Assim, durante uma semana de caminhadas nos Alpes austríacos, comecei a dizer constantemente uma palavra que nunca ocorre em minha boca: Deus.

Quem nos vales solitários da montanha encontra uma pessoa é quase sempre saudado com um caloroso "Louvado seja Deus!"* Como seria bastante grosseiro responder com um simples "Bom-dia!", procuro responder amigavelmente: "Louvado seja Deus!"

"Deus" é uma palavra que não me agrada nem um pouco. Ela está tão viciada, sobrecarregada de imagens e concepções, ideias e ideologias, que eu não gosto de pronunciá-la. Eu tenho grande simpatia pela proposta do teólogo Paul Tillich de que se renuncie por cem anos a esta palavra. Tal moratória seria urgente. Obrigar-nos-ia a encontrar uma nova linguagem para o mistério que carrega e envolve nossa vida. Nós haveríamos de balbuciar e gaguejar, ou de ficar calados.

Como caminhante, após certo tempo eu dizia o "Louvado seja Deus" com uma obviedade que me assustava a mim mesmo. Eventualmente até mesmo na fórmula resumida para os apressados: "Deus!"

---

* Esta saudação, muito difundida na Alemanha, pode não fazer sentido ao leitor brasileiro. Entre nós existe outra fórmula semelhante, ainda usada em algumas regiões, em que uma pessoa saúda dizendo "Louvado seja Nosso Senhor Jesus Cristo" e a outra responde "Para sempre seja louvado" (N.T.).

Imagine só: dois amigos se encontram e dizem um para o outro: "Deus!" Só isto. Uma situação que tanto me agradava quanto causava estranhamento.

Naturalmente, esta saudação é uma fórmula e, como a maior parte das fórmulas, é utilizada automaticamente. Nisto quase ninguém estará realmente pensando em Deus. Mas, por mais inconscientemente que uma tal saudação seja pronunciada, ela contém uma mensagem: Há algo que é maior do que nós dois. Isto nos une. Há uma origem comum, um fundamento comum, talvez também uma meta comum.

Mesmo com todas as reservas e restrições que eu continuo tendo contra a palavra "Deus", esta saudação, que, aliás, só foi introduzida no século XIX, me é muito mais simpática do que o hoje difundido "Oi". Este "Oi" é fugidio e vazio. Não consegue instituir nenhuma relação e também não sinaliza nenhum real interesse pelo encontro. Pelo contrário, o que eu capto no superficial "Oi" é que sou bastante sem importância para a outra pessoa. Já o caloroso "Louvado seja Deus" soa bem diferente. Eu me sinto abordado, tocado suavemente.

Eu deixei esta bela e, no entanto, tão estranha saudação lá nos Alpes austríacos. Não combina com minha cidade e meu dia a dia. Não combina comigo. Em vez disso eu me prendo à familiar saudação do dialeto alemão falado em Berna: *Grüessech* (Eu o saúdo).

E, no entanto, também aqui Deus está presente em minha saudação, porém em francês. Na proximidade da fronteira com a região de língua francesa, a gente se despede com um *Adieu*. Assim eu aprendi quando criança. Só mais tarde eu soube o que esta palavra quer dizer exatamente: *A dieu* – "recomendado a Deus!" Também isto quase ninguém ainda hoje haverá de tomar ao pé da letra. De mais a mais, o sonoro *Adieu* é sempre mais abafado pelo fugidio *Tschüss*. Porém, mesmo este *Tschüss* significa, em termos etimológicos, nada mais do que "A Deus", ou "recomendado a Deus".

Nos vales das montanhas austríacas há uma saudação semelhante de despedida que me agrada mais: *Pfiat'di*!, "Te proteja!" Aqui se pressupõe, tacitamente, que é Deus que deve proteger a pessoa.

Pfiat'di!

Por mais usual que esta saudação possa soar para muitas pessoas, eu a acho extraordinária: Uma pessoa que no mais das vezes eu de maneira nenhuma conheço mais de perto pede a proteção divina para mim. Eu agradeço e desejo também a essa pessoa algo bom antes que nossos caminhos novamente se separem e cada um por si vá adiante.

11 Juntos no caminho

A mitologia, a religião e a arte conhecem o arquétipo do viajante solitário. Ele indica que, em última instância, todo ser humano caminha sozinho na viagem da sua vida. Solitários somos todos nós.

E, no entanto, é benfazejo encontrar vez por outra companheiros e andar com eles um pedaço do caminho. A gente pode se afogar tanto em uma solidão excessiva quanto em uma comunidade excessiva. Caminhar sozinho tanto pode causar felicidade quanto pode deprimir.

Entretanto, a solidão pode também ser partilhada. Parece assim tão paradoxal: a gente pode vivenciá-la em comum. E eu não conheço um modo melhor de partilhar a solidão com uma outra pessoa do que caminhar em silêncio.

Silenciar junto com alguém e saborear este silêncio: isto não é comum. No mais das vezes alguém fala quando está junto com uma pessoa. O silêncio prolongado é penoso. Pausas desagradáveis são interrompidas com palavras vazias.

Um passeio oferece as melhores condições para que se possa ficar em silêncio ao lado um do outro. No caminhar a gente não se olha diretamente e, no entanto, a gente se vê. A gente tem perante si um pedaço de caminho em comum. Querer falar ou não, são caminhos possíveis. Frequentemente o silêncio surge por si mesmo. Não por falta do que falar ou de vontade de dizer algo (neste caso, a gente fala sem parar!), mas simplesmente porque é bom não romper por meio de palavras o acordo silencioso no caminhar.

Dorothee Sölle chama isto de "silêncio pós-linguístico". Ele se instaura ali onde duas pessoas se conhecem e se gostam. No silêncio nada é ocultado. Pelo contrário: é uma comunicação sem palavras. Ou, como diz Sölle: um "silêncio proveniente da riqueza".

O contraponto a isto é o "silêncio pré-linguístico", um silêncio proveniente da desconfiança, do medo ou da hostilidade. Algo teria de ser verbalizado, porém a gente não pode ou não quer. Quem caminha desse jeito logo há de tropeçar.

Quando se faz silêncio por muito tempo enquanto se caminha, as palavras ganham um outro peso. Elas não são proferidas assim tão levianamente. Elas provêm da serenidade. E não se dirigem a algo que está em frente, mas a alguém que caminha ao lado, à frente ou atrás da gente. Com frequência, falamos palavra por palavra, sem um destino fixo, e confiamos que o outro já as capta. Novas pausas, que sempre de novo surgem, não incomodam ninguém.

Silenciar e falar alternam-se. Assim os antigos gregos conduziam suas conversas filosóficas: eles não se sentavam; andavam juntos.

Este é também o sentido originário da palavra comunicação. A palavra latina *communicare* não significa falar e trocar informações, mas fazer algo em comum. E, de fato, a comunicação pode melhorar substancialmente quando praticada durante a caminhada.

Naturalmente, nem toda conversa de caminhada decorre como a gente gostaria. Pode também haver tensões, podem surgir conflitos. Porém o caminho é um bom mediador e terapeuta, nele as diferenças têm menos peso. Aqui os conflitos podem se solucionar com uma rapidez surpreendente. O caminho simplesmente não permite que se prolongue uma atitude hostil. Ele também não permite que permaneçamos na própria posição. Ele convida sempre de novo a abandonar pontos de vista fixos e ir adiante. Solitariamente, mas em comum.

12 De olhos fechados

Um dos meus exercícios preferidos é caminhar em uma estrada reta, de olhos fechados, de encontro ao sol baixo. Dez passos, vinte ou mesmo cem. Sentir a luz, ao invés de vê-la. Acolher profundamente em mim os raios vívidos, quentes, que batem na minha pele. Em algum momento ficar parado em pé. Esperar. Abrir de novo os olhos, cuidadosamente. E perceber, admirado, quão belo é o mundo nesse momento.

Este exercício exige um mínimo de confiança. Afinal, é possível também sair do caminho e tropeçar. Às vezes eu estou mais temeroso e abro de novo os olhos já após um curto trecho; às vezes eu consigo por mais tempo caminhar no escuro de encontro à luz.

Nesse caminhar "cego", a atenção é aguçada e a percepção é ampliada. Ouço melhor e fico mais atento aos barulhos. Percebo com o pé os desníveis do chão. Sinto o vento e o calor do sol, o cheiro da fumaça do fogo em um jardim.

Segundo a cabala, somos caminhantes nas trevas. Não vemos nada e nos movemos como cegos. Porém há uma diferença decisiva: uns são cegos e sabem que são cegos, enquanto os outros são cegos e não o sabem.

Os primeiros andam muito atentos: apalpam o chão com seus pés, de modo preciso, a fim de reconhecerem se poderia haver um obstáculo no caminho. Eles não veem nada e, no entanto, percebem com muita exatidão o que está a seu redor. Quase nada lhes escapa.

Eles notam também quando de repente se encontra um valioso diamante no chão perante eles.

Os outros certamente são também cegos, porém acreditam poder ver tudo. Precipitam-se para frente e avançam com rapidez. Vez ou outra, caem, levantam-se de novo e apressadamente seguem em frente. Eles creem estar no caminho certo, e não mais prestam atenção ao que está ao seu redor. Sem perceberem o valioso diamante perante seus pés, passam desatentos por cima dele.

Ambos são cegos. Uns o sabem; outros, não. É uma questão de consciência: será que tenho consciência de que *não* percebo muita coisa? Será que eu sei que não sei (quase) nada? Como é que eu me movo pelo mundo? Com a certeza de conhecê-lo e tê-lo "sob controle"? Ou com perguntas e dúvidas, apalpando e buscando?

Mesmo mantendo os olhos fechados em meu pequeno exercício, não me perco nas trevas. Vou ao encontro do sol, deixando-me conduzir por sua luz e por seus raios aquecedores. Contudo, mesmo caminhando cuidadosamente por não estar vendo as marcas do caminho, eu sei que a direção está mais ou menos certa. E eu percebo sensorialmente o que a mística descreve como conhecimento interior: "Ali eu apenas sabia que era tomado pela luz, que me envolvia. Uma grande luz me conduzia". É o que diz o místico bizantino Simeão. Caminhando na direção da luz do sol, posso saborear tal experiência.

Ao abrir novamente os olhos e o sol brilhar com pouca intensidade, é possível ver os seixos brilhando sobre a estrada estreita como se fossem pequenos diamantes. Cada pedrinha projeta uma sombra longa, escura. A luz parece jorrar sobre mim. Seria a "luz que jorra da divindade", como diz Matilde de Magdeburgo?

Não sei. Eu me alegro, simplesmente, com esta vivência, e vou adiante. Desta vez, de olhos abertos.

13 Nietzsche caminha e Deus dança

A verdade não está parada. Ela caminha; não se deixa enclausurar em sistemas. Ela precisa de livre espaço, ar fresco e bastante amplidão para poder desenvolver-se sem entraves. Onde ela é fixada, não é mais verdade, e sim engano, ideologia e, no pior dos casos, mentira. Quem crê possuí-la já a perdeu.

A verdade anda a pé.

Ela se mostra no passar. Ela não é um ponto de vista sobre o qual possamos insistir, mas um movimento. Quem quiser descobri-la tem de caminhar com ela. Para muitos, isto é demasiadamente fatigante, e ficam sentados. Outros ousam partir, sem saber aonde o caminho os conduzirá.

Para o filósofo Nietzsche, o movimento é essencial ao pensar. Ele estava convencido de que apenas pensamentos "passados" têm o seu valor. E ele sonhava com uma divindade que soubesse dançar.

Nietzsche adorava "pensar ao ar livre, caminhando, saltando, subindo, dançando, de preferência em montanhas solitárias ou bem pertinho do mar, ali onde mesmo os caminhos se tornam pensativos".

Como é mesmo um caminho pensativo?

Visto de fora, ele também não difere de todos os outros caminhos. A gente tem de trilhá-lo para adivinhar seus pensamentos. E mesmo quando outros já foram por ele e creem saber, cada um tem de ir, *ele mesmo*, pelo caminho. Pois seus pensamentos mudam de acordo com quem vai por ele. Cada pessoa caminha diversamente e aí faz experiências diversas. Os diálogos entre o caminho e o caminhante são situados e pessoais.

Segundo Nietzsche, caminhos pensativos só podem ser encontrados na solidão. É nas trilhas entrelaçadas, talvez cobertas de ervas daninhas, que a gente pode facilmente se perder. Diferentemente das estradas retas, bem sinalizadas, tais trilhas põem questões essenciais: Quem sou eu? Como vim parar aqui? Aonde quero ir?

É-se forçado a parar por um momento e se reorientar. Talvez não saibamos onde estamos, talvez vivamos no provisório, tentando ir por um caminho sem saber se este conduz à meta desejada. Caminhamos atentos aos menores sinais, dispostos a mudar, a qualquer momento, a direção, ou também retornar e recomeçar.

Caminhadas por trilhas solitárias podem ser belas, mas, também, fatigantes. Com o tempo a pessoa se cansa e gostaria finalmente de haver chegado. Nesta situação, a vontade é investir em uma solução curta e rápida, porém perigosa. O encurtamento revela-se como uma confusão a mais. Nietzsche diz que as pessoas frequentemente perdem seu caminho justamente quando pensam haver descoberto um caminho presumidamente mais curto.

Se a verdade anda a pé, então não será fácil encontrá-la. Onde ela estava ontem já não está mais hoje. Portanto, vá em frente, sem muita pressa. Pois pode acontecer que a verdade não vá à frente, mas, atrás de alguém. Por isto é bom sempre de novo parar e esperar um pouco. "Você correu demais", diz Nietzsche. "Só agora que você está cansado é que a sua felicidade o acompanhará."

Entretanto, o que há de melhor é caminhar sem a pretensão de ter incondicionalmente de encontrar a verdade. Pois ela se mostra onde e quando quer. Frequentemente, ela nos surpreende exatamente onde era menos esperada. Isto é o que acontece com a felicidade.

14 Um leve sentimento de solenidade

Eu gosto do crepúsculo. A suave transição do dia à noite e da noite ao dia. Gosto da luz amena, dos contornos suaves, fluidos. Nessas horas o mundo parece estranhamente benévolo e amigável.

É hora de despedida – e de recomeço.

Eu gosto de caminhar nesta transição. Passeio frequentemente durante o crepúsculo. Em nenhuma outra hora do dia pode-se experimentar de modo assim tão direto como tudo está permanentemente mudando. E eu caminho com esta mudança, reflito sobre muitas coisas e me entrego ao clima de solenidade.

O crepúsculo não é um estado, mas um processo. As imagens mudam a cada momento. Vez por outra eu gostaria, certamente, de fazer parar por um momento o jogo de luz, cores e formas, a fim de me apossar de sua beleza. Mas a beleza reside justamente na mudança constante.

O processo vai adiante, tento caminhar com ele. Sei o que se encontra atrás de mim. O que há de vir, eu não sei. O crepúsculo me deixa por um momento neste espaço misterioso entre saber e não saber. Então eu tenho de ir adiante.

Chega a noite – ou o dia.

Alguns anos atrás, em viagem pelo sul da Índia, experimentei um dia sem crepúsculo. Ali, na proximidade do equador, o dia transita rápida e abruptamente na noite – e vive-versa. Não há transições. Eu sentia falta delas. Sem haver me preparado, era jogado na noite, ou no dia.

O crepúsculo permite uma suave transição; contém em si uma promessa; anuncia algo novo. Como quer que tenha sido o dia – ou a noite – agora é passado.

Começa um novo capítulo.

A alvorada me arranca da escuridão da noite. O mundo começa a brilhar. O novo dia acha-se perante mim como uma folha em branco. O que vou desenhar e escrever aí? Não sei ainda. E é bom assim. Posso partir sem ser incomodado e me alegrar com a luz que se expande.

O crepúsculo encerra o dia. Este, como quer que tenha sido, agora se aproxima de seu final. Às vezes eu estou alegre, às vezes lamento. As sombras tornam-se mais longas, pouco a pouco o escuro manto da noite recobre tudo. O silêncio chega.

Nos conventos essas transições são festejadas. Pela manhã, ao irromper do dia, com as laudes, que são o canto de louvor à luz que se manifesta. Os cantos e orações dos monges e das monjas lembram que, com o nascer do sol, nos é dado de presente um novo dia, assim como toda a vida é um presente. Isto não é nenhuma obviedade, mas motivo para alegria.

O final da tarde, quando pouco a pouco a luz vai se retirando, é a hora das vésperas. Acendem-se velas, enviam-se cantos calorosos às trevas que estão chegando. O que ainda resta do dia é acolhido na oração. Algumas horas mais tarde, o dia é encerrado com as completas, que são o agradecimento pelo que passou e o pedido de uma escolta segura através da noite. As palavras e os cantos emudecem. Faz-se silêncio.

Durante o crepúsculo eu tento conservar algo desta solenidade. No caminhar isto funciona bem. Mas às vezes também é apenas o olhar a partir da janela do ônibus que me traz de volta para a casa. Também aí, em meio ao aperto, pode por alguns momentos emergir um sentimento de solenidade.

Um passeio pelo barulho

Não importa apenas o que vemos,
mas aquilo que vemos depende da
maneira de vermos; pois toda
contemplação é não apenas um receber
e descobrir, mas, ao mesmo tempo, um
produzir, e, se assim é, então é decisivo
como é a própria pessoa que contempla.

Sören Kierkegaard

15 No compasso do sino

"Um passeio para fazer compras" – estranha expressão. Ao fazer compras raramente eu me sinto a passeio. Tenho o que fazer, vou a uma loja e outra, canso-me em meio às multidões e apressadamente reúno aquilo que preciso.

Por que passeio?

Estou inquieto, frequentemente agitado, como a maior parte das pessoas ao meu redor. Agitadamente cintilam e reluzem também as luzes das lojas. Às vezes o reluzir me atrai e eu entro, embora não esteja precisando de nada. No pior dos casos, deixo a loja arrependido da compra desnecessária que fiz. Quão bobas podem ser as pessoas. Quão bobo sou eu.

Passear significava originariamente, em alemão, "vagabundear", "não fazer nada". Quem passeava tinha a questionável fama de ser um preguiçoso. E na Suíça chamavam-se *bummler* (passeadores) aqueles trens que paravam em toda estação.

Como quer que a gente quisesse avaliar a palavra "passear" (*bummeln*), ela indicava um trato generoso e descontraído com o tempo – o programa radicalmente contrastante com uma sociedade agitada que está constantemente sob a pressão do tempo.

Mas então vieram os *schlachtenbummler**, e a palavra perdeu sua inocência. Pois estes não mais passeiam. Pelo contrário, são bastante

---

* Pessoas que viajam em grandes grupos para apoiar com seu barulho seus times quando estes jogam em outras terras (N.T.).

agitados e agressivos. Assim como no passeio para fazer compras, assim também aqui não reina de maneira alguma um clima alegre. Barulho em vez de passeio, e aqui todos fazem o maior barulho.

"Quando estava a caminho", diz o superior do convento para seu discípulo, "você não ia sozinho. Você tinha consigo alguém que o incitava e agitava impiedosamente". O discípulo retrucou que estivera sozinho. Mas, mal acabou de dizer isto, ele compreendeu o que o velho queria dizer. O agitador não ia a seu lado – estava dentro dele.

Portanto, vamos devagar. Como pessoas que passeiam pela cidade, andemos pelas ruas e vielas. A palavra "passear" (*bummeln*) indica o compasso. Ela remonta ao tom do sino, que com suas batidas – bum, bum, bum – balança lentamente até parar. Caminhemos como um sino que, tranquila e cada vez mais lentamente, se move para lá e para cá.

E então, uma vez mais, paremos e dediquemos toda honra à palavra passear: eu sou um passeador, eu não estou fazendo nada.

Entretanto, quem não é suficientemente resistente logo entra de novo na esteira das pessoas que passam correndo ao seu lado e é arrastado junto.

Por sorte existem alguns espaços de refúgio para passeadores. Esquinas tranquilas, jardins públicos e sobretudo as igrejas. Vez por outra eu adoro ser, literalmente, um *kirchgänger* (alguém que anda na igreja): eu frequento uma igreja para ali, protegido do mundo exterior, dar alguns passos em pleno silêncio.

Já sua arquitetura mostra que nas igrejas vigora um outro tempo. Como se fossem montanhas, elas estão de pé em meio ao mar de casas e resistem à atividade barulhenta. Quem as adentra encontra espaços que convidam ao passear. Espaços que oferecem serenidade, amplitude e descanso. Espaços que se contrapõem ao nervoso mundo dos negócios. Eles me acolhem e me deixam ser.

Oásis da contemplação em meio à selva da cidade.

A nave gótica da Catedral de Berna, por exemplo, é puro convite ao passear. Um espaço alto, escuro, que envolve os passeadores protegendo-os. Através das janelas coloridas, entra uma luz agradavelmente suave. Entre as filas de bancos há numerosos caminhos que servem como caminhos para a meditação. Tendo a sorte de estar sozinha, a pessoa pode aqui passear em pleno silêncio. Ou talvez a gente devesse antes dizer: deixar-se passear. Pois passear é mais um deixar acontecer do que um fazer: como acontece com os sinos.

Que diferença em relação ao espaço apertado na cidade! O pouco de barulho que ainda entra é bastante abafado pelas paredes feitas de arenito – um sinal, tranquilizante, de que a vida lá fora continua.

Quando então entra um grupo de turistas sussurrando em voz alta, é hora de abandonar novamente a catedral. Não, não com pressa, não com agitação, mas, no passo vagaroso de um passeador que tem todo o tempo do mundo.

E possivelmente ainda um rol de compras na bolsa. Mas também isto tem tempo.

16 O rosto na vitrina

É quase impossível passar por uma vitrina sem olhar para dentro. Mesmo não precisando daquilo que é exposto de modo mais ou menos atraente, essas pequenas encenações do mundo da mercadoria me agradam. E eu não sei o que mais me alegra: a ideia de que eu poderia comprar o que aí é apresentado, ou a ideia de que eu não preciso disto.

Entretanto, quando a distância e a luz estão na proporção certa, eu vejo na vitrina não apenas as mercadorias, mas também minha imagem refletida no espelho. No mais das vezes eu olho apenas ligeiramente, quase com uma certa timidez. Eu não sei se gosto do homem que vejo na vitrina. Se ele me agrada. Se eu o conheço. Se também o compreendo. E se o aceito assim como ele é.

Tudo bastante delicado.

Assim, logo eu desvio novamente o olhar e vou adiante. Comigo desaparece também a imagem da vidraça.

Bons cento e cinquenta anos atrás, Sören Kierkegaard constatou, com pesar, que ninguém mais olha direito no espelho. Ele responsabilizou por isto a agitação dos negócios: "Um espelho tem a peculiaridade de a gente poder ver nele a própria imagem, porém para isto é preciso parar. Passar correndo por ele, a toda pressa, torna impossível ver qualquer coisa. Assim o homem de negócios segue correndo e jamais compreenderá..."

No passeio pela cidade, as vitrinas especulares vêm uma após outra. Vejo minha imagem sempre de novo em um novo ambiente:

ora ela está cercada de roupas de praia, ora está entre uma variedade de celulares apresentados de forma atraente ou perante um mostruário de presunto, salame e salsicha defumada.

Tão logo eu vou adiante, o fantasma desaparece. Até a próxima vitrina, onde, mais uma vez, eu me encontro comigo mesmo.

Às vezes eu olho com mais precisão para ver se o corte do cabelo está em ordem e se o sobretudo tem bom caimento. E ocasionalmente eu também fico parado por pouco tempo para contemplar a pessoa que me contempla da vitrina: sou eu! Bem depressa começam os comentários, e eu começo a me criticar a mim mesmo. Não é nada fácil olhar-se a si mesmo nos olhos, sem avaliação, sem julgamento. Simplesmente olhar: sou eu.

Enquanto muitos não gostam de olhar no espelho, há outros que se tornam escravos da própria imagem e apenas veem a si mesmos. O exemplo clássico é Narciso. Ele era mortalmente apaixonado por sua imagem, a qual se refletia na superfície plana da água de um lago. Ele ardia de ânsia por ela, porém ela era inalcançável: quando ele se aproximava da imagem refletida, ela se dissolvia, se recolhia e desaparecia. Porque Narciso, como que encantado, fixava o olhar na água e não podia mais se separar, pouco a pouco ele foi arruinando-se e finalmente pereceu na desgraça. Morrendo, ele ainda gritava para sua imagem: "viva bem!"

Talvez o homem de negócios, que *não* quer se ver, e Narciso, que *apenas* quer se ver, sejam mais aparentados entre si do que parece. A ambos falta a devida distância em relação a si mesmos. Um está longe demais; o outro, perto demais. Assim, nenhum dos dois consegue se reconhecer.

Somente onde se encontrou uma medida equilibrada de proximidade e distância é que a imagem se torna clara. O passo em direção a mim e o passo que conduz para longe de mim estão interligados, diz o Mestre Eckhart: "Direcione seu olhar para você mesmo e, lá onde você se encontrar, aí se deixe em paz". De modo bem semelhante fala Friedrich Nietzsche seiscentos anos mais tarde: "Quando enfim se houver encontrado, então a gente há de aprender a de tempos em tempos se perder – e de novo então se encontrar".

A vitrina é, aliás, um espelho bem especial: quanto mais eu me aproximar, tanto mais minha imagem se torna confusa, até finalmente desaparecer. Agora eu me livro de mim mesmo por um momento e posso, com toda tranquilidade, contemplar as mercadorias: as roupas de banho, os celulares ou a linguiça defumada.

17 Uma loja depois da outra

Tempos atrás havia aqui uma panificadora antiga, conduzida por uma família ao longo de várias gerações. Um dia ela foi fechada, definitivamente. O local foi transformado em uma boutique de roupas da moda que fechou dois ou três anos depois. De novo, o local se transformou. Desta vez para a Eduscho, onde se vendiam café, roupas e toda sorte de quinquilharias. Entretanto, a empresa mudou sua estratégia e fechou de novo as filiais. Entrou uma loja de computadores. Quase não há nada mais monótono do que lojas de computadores. Mas isso já é história; agora, no mesmo lugar, há um café italiano chique onde um *latte macchiato* é misturado a preços escandalosamente altos.

Como alguém que caminha pela cidade, só posso me admirar com a rapidez com que os negócios vêm e vão. Enquanto as fachadas das casas, tombadas pelo patrimônio histórico, não mudam há séculos, por dentro é constante a mudança, na construção e na mobília. Após cada mudança se comemora uma inauguração com *prosecco* e pequenas nozes para mordiscar. Entretanto, antes de as pessoas se acostumarem com o novo lugar, vem mais uma mudança.

Este rápido ir e vir permite duas conclusões: Ou o mundo está ficando louco, ou eu estou ficando velho. Provavelmente, as duas coisas.

No entanto, eu não quero me lamentar. Pois aquilo que aqui me é posto perante os olhos diariamente é uma condição fundamental de nossa existência: Tudo o que surge perece novamente. Nada permanece. Tudo é sopro, tudo é vaidade, como diz o livro bíblico chamado Coélet. No século XVII, Andreas Gryphius apropria-se deste pensamento e escreve: "É tudo vaidade; para onde olhar você verá apenas vaidade sobre a terra. O que hoje este constrói, aquele destrói amanhã".

Inconstância e transitoriedade são duas características fundamentais de tudo o que existe. Aceitar isto é difícil. Especialmente quando se trata da própria vida. Entretanto, quando me agarro ao que existe e tento excluí-lo da lei da mudança, eu sofro. O fluxo da vida não se deixa deter.

Há pessoas contemplativas que, meditando, refletem sobre seu próprio falecer a fim de se ajustar a esta inconstância. Mas também o passeio por uma cidade em constante mudança oferece ocasião bastante boa para isto.

O quê?! Esta antiga loja de ferragens que eu já frequentava quando criança desapareceu também? Lamento por ela, me insurjo e em qualquer momento acabo compreendendo: É isto mesmo. Essa loja de ferragens não existe mais.

Eu não quero atenuar o *staccato* febril da mudança. Ele é questionável sob alguns aspectos. Entretanto, eu também não gostaria de me consumir resistindo a isto. Mais cedo ou mais tarde, tudo passa. Isto torna o presente tão valioso.

Coélet, o pregador, recomenda que se saboreie a vida até a última gota, na consciência da transitoriedade. "Assim, vá e coma seu pão com alegria, beba seu vinho de bom grado, goze a vida com a mulher que você ama!"

Isto é uma bonita proposta! Assim, eu compro um pouco de pão e vinho a fim de em casa, com Corina, brindar por esta vida fugidia, inconstante e, no entanto, tão bela.

18 A terceira visão está avariada

O vendedor na loja de produtos fotográficos era muito jovem, e minha câmera, muito velha. Como eu poderia explicar para ele que essa velha câmera era tão importante para mim? Afinal, ela me acompanhou por quase trinta anos, viajando comigo para a Índia e para o Guggershörnli, para o Thunersee e para o deserto da Califórnia, para o Nepal e para a Floresta Negra. Na Floresta Negra, de repente, ela só via tudo preto. Em vez de fotos em série, eu recebi do laboratório cópias nas quais não se via nada.

E minha câmera?

"Desmantelada, nada a fazer, um conserto seria caro demais", dizia o vendedor. "Minha querida Minox 35 GT!" Não havia substitutivo; o modelo não é mais produzido há anos. O jovem vendedor insistia dizendo que hoje há câmeras digitais, melhores que a minha. Seu rosto mostrava compaixão (para comigo, não para com a câmera), ou era mera impressão minha? Em todo caso, eu me senti velho.

De algum modo, as coisas se resolveram muito rapidamente, e eu saí da loja com uma nova máquina fotográfica. A caminho de casa eu me dei conta de que havia simplesmente deixado para trás minha boa e velha Minox. Quase voltei para me despedir dela como convém. Mas, como eu conseguiria explicar isso ao vendedor que me atendera?

Eu deixei passar.

A despedida já seria mesquinharia. A Minox fez para mim milhares de fotografias, e agora ela, em uma questão de minutos, é tranquilamente jogada fora. Naturalmente, ela era afinal apenas uma máquina pequena, desmantelada. Mas, para mim, ela era algo mais: a companheira que sempre de novo me abriu os olhos. Com ela, aprendi a olhar por um longo tempo e com precisão. Deixar o olhar caminhar na direção da profundidade. Esperar. E somente apertar o dedo quando houvesse chegado o momento certo. Através de suas lentes eu contemplei paisagens e pessoas e adquiri pouco a pouco uma sensibilidade para a percepção de cores e formas, luzes e ambientes.

A Minox tornou-se minha terceira visão.

Mas nem tudo o que eu via aparecia depois também no papel. Alguma foto não deu certo. Também isto me mostrou minha pequena companheira: há coisas que você não pode fixar. Sua singularidade e sua beleza residem no fato de serem passageiras e não se deixarem fixar em um pedaço de papel.

Inversamente, a Minox era capaz de reproduzir certas situações tão intensamente quanto eu não as havia de maneira nenhuma vivenciado na realidade. Por exemplo, um céu em trovoada que eu nunca vira brilhar em cores tão misteriosas quanto as da minha câmera. Que realidade é agora mais real?

Com a Minox eu vim a conhecer também a misteriosa alternância de frente e fundo. O que eu vejo diretamente em minha frente só se manifesta adequadamente se também o fundo estiver certo. Não se trata apenas da pessoa que eu contemplo através da máquina. Trata-se também daquilo que está atrás dela. Inversamente, a amplidão de uma paisagem apenas se torna visível se houver, à frente, algo que sirva ao que contempla como critério e ponto de referência. Estes dois níveis referem-se diretamente um ao outro.

Na mística, a terceira visão representa um ver que não fica preso à superfície, que procura reconhecer também o oculto. É um símbolo da visão intuitiva e da sabedoria. Tais propriedades eu não posso naturalmente atribuir à minha Minox. Mas ela me ajudou a ter inumeráveis percepções e visões.

E isto é motivo bastante para que aqui eu diga, de todo coração: Adeus minha Minox!

19 Um pouco da mística do número

Sem dinheiro não se faz compra. "Por favor, digite sua senha!" Estou diante do caixa eletrônico, esta máquina maravilhosa que doa dinheiro, o burro de ouro do transporte eletrônico de dados, e começo a digitar. Mas, de repente, eu não sei mais minha senha.

Ela sumiu, como se fora apagada.

Maldição!

Os três primeiros algarismos não apresentaram problema. Mas, como é que se vai adiante?

Eu hesito.

Vem agora um 4? Depois vem um 9? E, no final?

Não sei mais.

Mas, não pode ser, pois há anos são os mesmos seis algarismos! Eles têm de estar guardados em algum lugar de minha cabeça!

Mas, onde?

Não os encontro.

E assim eu digito qualquer coisa, aleatoriamente.

Senha incorreta! – responde a tela.

Era o que eu temia – talvez até já estivesse sabendo – e, no entanto, eu havia nutrido a esperança de que fosse dar certo, contrariando todos os funestos pressentimentos.

Eu já ouvi dizer que, após a terceira tentativa inválida, o cartão desaparece para sempre no caixa eletrônico. Fico nervoso. Mas nervosismo agora não adianta nada.

Portanto, a ordem é relaxar! Respirar fundo, largar tudo e recomeçar com novo ímpeto. Mas, a coisa não quer funcionar direito. Relaxamento não é coisa que se possa ordenar, e, aliás, ele não se instaura ali onde é apenas um meio para um certo fim.

No extremo da tensão, eu ainda tento mais uma vez. Digito seis algarismos e, no entanto, já sei que estão incorretos.

Senha incorreta! – pela segunda vez.

Eu sabia. Logo ficarei sem meu cartão. Não ouso mais arriscar. Desisto.

É melhor estar sem dinheiro do que sem cartão. Assim eu renuncio às compras planejadas e tomo o caminho de casa. A caminho, eu experimento mentalmente as mais diversas combinações de algarismos, mas nenhuma me convence. Finalmente, desisto.

Algumas horas mais tarde, estando eu justamente a lavar a louça na cozinha, aparece, de repente, do nada, ela, a série de algarismos que eu desejava. Corro e anoto no pedaço de papel mais próximo. E mais uma vez fico admirado com o modo de funcionar de meu espírito: Enquanto procurava cheio de tensão a fórmula mágica que põe a máquina de dinheiro a funcionar a meu favor, eu não a encontrava. Quando finalmente desisti, ela aparece. Não é isto uma boa lição no que diz respeito a largar uma experiência já quase espiritual?

Senhas são quase uma epidemia. Tenho mais de uma meia dúzia delas – para cartão de banco, cartão de crédito e celular, para e-mail e diversos portais *on line*. E todas essas senhas nunca devem ser escritas – é o que se diz. Entretanto, eu faço isto. Naturalmente, elas não estão, simplesmente, em minha agenda. Seria muita imprudência. Eu as escondo. Acontece que, às vezes, faço isso tão bem que nem eu mesmo consigo encontrá-las. Começa então o grande processo de buscar e amaldiçoar.

Por mais sem graça que seja ter de memorizar várias senhas, os números não têm culpa. Segundo o teólogo Otto Betz, nós deveríamos "libertar os números de sua existência meramente funcional; eles não são apenas as frias cifras do mundo do comércio". Segundo Betz, todo número tem seu próprio caráter e seu perfil inconfundível. Com isto ele se associa aos pensadores da Antiguidade que compreendiam os números como elementos dos quais se constitui o cosmos: os números ordenam o mundo, e é decisivo para a harmonia do todo que eles estejam em uma correta relação entre si.

Pitágoras e, mais tarde, a cabala judaica desenvolveram uma própria mística do número, que busca nos números mensagens e forças ocultas.

Enquanto isto, minha mística do número se move em um nível bem mais baixo: só quero minha senha. Mas isto já está quase fadado ao fracasso.

20 Mestre Eckhart e os bombons

Minha mão tem o hábito bobo de avançar antes de a cabeça começar a pensar. E de repente eu possuo algo de que, a rigor, não preciso.

Bombons de framboesa, por exemplo: Na padaria eles estavam em um grande cesto ao lado da caixa, empacotados um a um como amostra grátis. Por puro reflexo, meti um punhado no bolso de meu casaco.

Eu já havia esquecido a pequena conquista quando, em casa, os bombons caíram do meu bolso. O que eu deveria fazer com eles? Não gosto de bombons de framboesa. Por que eu os havia açambarcado?

Talvez haja para este estranho comportamento apenas uma explicação: a cobiça, mal terrível em todas as religiões. Para o cristianismo ela é um dos sete pecados mortais. Buda vê nela a causa principal do sofrimento. Pessoas cobiçosas não podem ser felizes, pois que é da essência da cobiça querer sempre mais. Tudo o que se tem nunca é bastante. É segundo este princípio que funciona hoje toda a economia, sob a pressão – autoimposta – de ter de crescer permanentemente.

Provavelmente, certa cobiça corresponde à natureza do ser humano. O que me inquieta é o poder que ela exerce sobre mim. Às vezes eu me rendo com bastante rapidez às suas insinuações tentadoras e me aposso, por exemplo, de bombons dos quais não gosto de jeito nenhum – apenas porque eles são grátis. Aqui se associa ao vício da cobiça ainda o vício da avareza.

Reza uma sabedoria proverbial da Idade Média: "Cobiça significa ser escravo, estar afundado no redemoinho do ouro, ser, sobretudo, inimigo de si mesmo e uma ameaça a todos os vizinhos". Uma palavra forte!

Quem segue cegamente suas necessidades reais e imaginárias perde não apenas sua liberdade, mas também a si mesmo. Além disso, a tirania da cobiça constitui um peso para as relações interpessoais.

O místico medieval Mestre Eckhart chama feliz aquele ser humano "que nada quer e nada tem". Com isto ele não quer louvar a pobreza, e sim chamar a atenção para a beleza de uma vida sem a pressão do querer sempre ter.

Uma pessoa arrastada pela cobiça não tem mais nenhuma escolha, tem de seguir a pulsão. Face a isto, Eckhart louva o caminhar livre, ereto. Ao que passeia pela cidade e cuja cobiça é afetada por toda sorte de seduções, ele, da distância de setecentos anos, grita conclamando a não ficar parado, mas, ir em frente: "Caminhe em direção à paz! O ser humano que se encontra no caminhar constante em direção à paz é celestial".

Quem tem de lutar com suas tentações bem terrenas deveria, contudo, evitar querer livrar-se a qualquer preço da cobiça – pois este anseio seria, por sua vez, uma forma de cobiça. Esta, segundo Eckhart, refere-se não apenas a posse material, mas também aos pensamentos e concepções aos quais a gente se aferra. Também eles podem ocupar e agrilhoar uma pessoa.

E ainda uma coisa o frade dominicano deixa clara: não são as coisas, materiais ou espirituais, que seduzem o ser humano – "é você mesmo, pois que você se relaciona erradamente com as coisas".

Aprenda isto, você que passeia pela cidade! Que culpa têm os bombons de framboesa por caírem nas mãos de uma pessoa cobiçosa?

Esses bombons ficaram então um longo tempo em nossa cozinha, mas ninguém queria saber deles. Acabei perdendo a última possibilidade de justificar de algum modo o meu erro, e joguei fora os bombons.

21 Um ritual especial

Há na cidade um estabelecimento de onde a gente sai como uma nova pessoa, diferente da que entrou. Isto tem, sem dúvida nenhuma, sua atratividade. Entretanto, o preço é alto: antes de poder deixar a loja a pessoa é forçada a se contemplar a si mesma por um longo tempo.

A visita ao cabeleireiro é uma autoexperiência de tipo especial. Por vinte ou trinta minutos a pessoa fica sentada em frente à própria imagem refletida no espelho. As mulheres, no mais das vezes, ficam ainda por mais tempo. A pessoa poderia, certamente, fechar os olhos durante o corte dos cabelos, porém isto seria ainda mais desagradável do que ficar permanentemente olhando para si mesma.

Entretanto, quem olha é também compensado. A gente vê como sob as mãos ágeis da cabeleireira todas as tranças vão caindo. A cada corte, uma madeixa a menos. O rosto se transforma. Enquanto os cabelos caem no chão, a imagem no espelho adquire novos traços. Há transformações visíveis. E isto faz bem, especialmente quando a gente tem a sensação de que a vida estaria bloqueada e nada estaria se movendo. Marcar uma hora no cabeleireiro, sentar-se na cadeira, tic, tic, de repente a gente se livrou da velha e cansada pessoa.

Pelo menos exteriormente.

Naturalmente, um novo corte de cabelo não faz ainda uma nova pessoa. Por outro lado, a pessoa vive não apenas de dentro para fora, mas também de fora para dentro. Transformações exteriores têm repercussões sobre o interior. Nisto reside também o sentido das formas e rituais: eles configuram interiormente a pessoa.

Cortar os cabelos, para mim, é um ritual.

Começa com a limpeza: a cabeleireira me impõe as mãos, lava os cabelos e massageia o couro cabeludo. O fato de ela lavar os cabelos que cortará logo a seguir é certamente estranho, mas correto: esses cabelos cobriram minha cabeça ao longo de semanas, e agora não devem ser simplesmente eliminados, precisam de uma despedida digna.

Então vem a parte principal, a verdadeira transformação: A cabeleireira toma à mão a tesoura e começa a cortar. Ela me re-configura. Vez por outra, ela passa a mão pela minha cabeça e põe os cabelos em ordem antes de continuar cortando. Às vezes nós trocamos algumas palavras sem importância. Também isto faz parte do ritual. Entretanto, normalmente impera o silêncio.

Ocasionalmente ela me olha nos olhos indiretamente através do espelho para conferir se eu estou aprovando seu trabalho. Raramente ela faz alguma pergunta a este respeito, ao que eu no mais das vezes também não sei responder. Eu me confio a ela. Assim ela segue cortando.

Não tenho de fazer nada. Simplesmente, deixo acontecer e aguardo o resultado. O espelho me guarda de perder-me em pensamentos e devaneios. Ele me mostra, a cada momento, como estou – aqui e agora.

Quando termina, a cabeleireira apanha um outro espelho e o põe atrás de minha cabeça. No grande espelho à minha frente, vejo o pequeno espelho atrás de mim e aí vejo a parte de trás de minha cabeça. Eu tenho a rara ocasião de me conhecer por trás. Enquanto o rosto deixa transparecer muita coisa, na parte de trás da cabeça quase nada pode ser captado. Os cabelos encobrem tudo, e é bom assim.

Se eu aprovar o corte (e isto acontece quase sempre), a cabeleireira pede que eu me levante e retira a capa que me cobria o corpo. O ritual terminou. Eu pago meu óbolo e me despeço.

Lá fora, na rua, eu olho, encabulado, em uma vitrina qualquer para conferir se ainda me reconheço.

Quando encontro conhecidos, a primeira pergunta é quase sempre: "Cortou o cabelo?"

Isto agora é um elogio ou uma expressão de pesar? Não sei, e também não quero saber de maneira nenhuma. Afinal, os cabelos se foram.

Que eu acabo de passar por um ritual e nisto me tornei um novo ser humano, isto eu não digo, aliás, a ninguém. Isto permanece um segredo meu.

22 Espirrando para iluminar-se

Um vento frio passa assobiando pelas vielas. Restos de neve na rua. E todos espirram. Atchim aqui, atchim acolá, atchim em toda parte. A gente tem de prestar bem atenção para não entrar na trajetória dos vírus e das bactérias que são liberadas explosivamente com cada espirro. Espirradoras e espirradores decentes põem a mão na boca ou reprimem totalmente o espirro, o que conduz a um estranho "Hhhpf!", para o que eles se curvam levemente para frente. Eu prefiro fazer parte dos indecentes de toda sorte, pois gosto de espirrar tão alto quanto possível.

O espirro é um reflexo de limpeza que é provocado pela mucosa nasal. Ele decorre em duas fases: Primeiramente o ar é inspirado profundamente. Enquanto ele passa pelas cordas vocais faz-se ouvir o característico "Aaaa...". Agora o ar é contido por pouco tempo, e dispara: "...tchim!!!" Os músculos da respiração situados no ventre e no peito contraem-se repentinamente, e o ar é expelido com uma velocidade de até 160 quilômetros por hora. Uma onda percorre o corpo inteiro e a tensão se dissolve.

Entretanto, o espirro não é um processo meramente corporal. Ele toca e transforma também o espírito. Poder-se-ia dizer, exagerando um pouco, que o espirro é um exercício espiritual.

Quem me deu esta ideia foi o Dalai-Lama com um artigo sobre consciência e meditação. Aí ele menciona, em uma proposição subordinada, que durante o espirro se alcança por alguns momentos um estado ao qual pessoas que meditam só chegam após uma prática de anos a fio: "Este estado de espírito caracteriza-se pela absoluta espontaneidade e ausência de uma consciência do Eu ou de uma fixação no Eu".

Por ocasião do espirro, este estado dura bem pouquinho, entretanto, por um momento eu estou livre do meu Eu. Uma pequena excitação da mucosa nasal, um inspirar profundo, "Aaaaaatchim" – e lá se foi este Eu ao qual sou afeiçoado e que, ao mesmo tempo, me causa sofrimento. Também os muitos pensamentos se vão com o sopro. E de modo totalmente automático eu fecho os olhos ao espirrar, como o faz também aquele que medita.

Comumente o espírito é relativamente desconcentrado. A atenção salta dum objeto ao objeto mais próximo. Entretanto, no espirrar ela é concentrada com a rapidez de um relâmpago e passa a haver apenas este momento e este movimento que agita todo o corpo. O espírito está por um segundo plenamente vazio. A tradição tibetana fala da "experiência da luz clara". E, onde até agora ainda havia um Eu, não há mais ninguém no momento da explosão. É "Isso" espirra – aquele ou aquela que espirram desapareceram.

Como todas as experiências realmente grandes, o espirro não pode ser produzido voluntariamente. Trata-se, se é que posso falar assim, de um presente. Eu posso me esquecer de mim mesmo. E o espirro tem ainda uma outra vantagem: Pessoas absolutamente desconhecidas desejam-me uma boa saúde. Raramente a gente obtém uma doação assim tão espontânea. Atchim – saúde! Os ingleses associam a isto até mesmo um desejo de bênção: *Bless you*!, "Deus o abençoe!"

Portanto, cuidado quando fizer cócegas no nariz! Logo você estará por um momento livre de seu Eu. Infelizmente a coisa decorre tão depressa, que você quase não notará.

Saúde!

23 Todos usam gorros de malha

Quando uma vez o inverno se prolongou por um tempo incomum, um dia eu perdi meu gorro de malha. Já era março, porém às margens das ruas ainda se encontravam restos de neve petrificada, suja, e um vento gélido percorria as vielas. Faltava-me o gorro; minhas orelhas estavam congeladas. E, o que é essencial, eu gostava dele, combinava perfeitamente comigo.

Meu gorro! Ele havia sumido.

Uma vez que se devia contar com mais outros dias frios, comecei a procurar um novo gorro. Embora reinassem temperaturas abaixo de zero, todas as lojas já expunham suas coleções de primavera.

"Um gorro? Lamentamos, mas foram vendidos ou retirados." Aonde quer que eu fosse, a resposta era a mesma por toda parte. Só encontrei alguns chapéus nem um pouco interessantes, e eu não queria ter nenhum chapéu em minha cabeça.

Assim, eu saí pela cidade sem gorro, levemente frustrado e levemente irritado. Dei-me conta daquilo que eu não havia jamais notado ao longo de todo o inverno: muitas pessoas tinham na cabeça um gorro de malha. A cidade inteira, com exceção de mim, parecia usar um. Parecia óbvio.

Se essas pessoas soubessem como é belo poder usar em um dia frio algo quente para cobrir a cabeça! Entretanto, a maior parte das pessoas parecia não notar sua pequena fortuna que era um gorro. Também eu não havia tomado consciência disto até perder o meu.

É uma enorme imbecilidade a gente ter de perder as coisas para aprender a apreciá-las corretamente.

Passei a olhar somente para a cabeça das pessoas e examinar as cores e formas dos gorros, refletindo se eles combinavam com os rostos que estavam abaixo deles ou se um deles servia para mim. Eu invejava as pessoas com seus belos gorros. E, quando vi um igual ao que havia perdido, fui mais uma vez à loja de produtos esportivos. Eu já sabia que não acharia gorro nenhum, mas, desta vez, a decepção não passou dos limites.

Pouco a pouco, a situação foi ficando grave: comecei a odiar as pessoas que usavam gorro. Mas, é lógico: uma vez que todos tinham um gorro para se cobrir neste frio inverno, e agora não sobrava mais nenhum para mim, era como se tivessem tomado meu gorro.

Que imbecilidade! Fiquei assustado quando me apanhei nesta confusão de ideias. Como pode alguém ser tão imbecil?! De que combinações abstrusas é capaz o espírito desatento! Entretanto, é assim que as coisas funcionam no mais das vezes: alguém sofre um infortúnio e sempre os culpados são os outros.

Frequentemente, isto é falso e também perigoso; não resolve nenhum problema.

Eu comecei a encarar os rostos das pessoas sob os gorros. Isto me apaziguava. Eram pessoas como você e eu. Pessoas que cuidavam de seus negócios, tinham suas preocupações e suas alegrias, seus momentos belos e seus momentos sombrios, suas fraquezas e suas forças.

A única diferença: elas usavam um gorro.

Será isto assim tão importante?

Não, naturalmente não. Toda esta história era simplesmente ridícula, e algumas semanas depois, com os primeiros ventos da primavera, eu logo a havia esquecido.

Meio ano depois, em meados de setembro, quando o sol mais uma vez aquecia intensamente e eu procurava nas lojas um novo calção de banho, encontrei... gorros de malha, gorros de malha, gorros de malha.

24 Café com fundo musical

Pausa para um cafezinho. O local oferece bastante espaço e uma grande variedade de jornais, ideal para sentar e interromper minha caminhada pela cidade. A luz é suave; a cadeira, confortável; o café, suficientemente forte; e o atendimento é amigável.

A felicidade seria quase perfeita, não fosse a música que "escorria" de alto-falantes afixados discretamente no teto. Eu detesto esses fundos musicais adocicados, comuns em muitos cafés e lojas. Música, que a rigor não é música, mas apenas um estímulo acústico para dissipar o silêncio.

Quase ninguém ouve conscientemente esse tipo de música. Também por isto muitos nem se dão conta dela. Ela está aí, simplesmente. Nos centros comerciais, normalmente eu me desligo do som e depois quase não saberia dizer onde havia e onde não havia música. No café é um tanto mais difícil desligar-me do som, pois que aqui eu me demoro, não tenho pressa e percebo com mais precisão o que acontece ao meu redor.

Eu até poderia pedir aos que me atendem que desliguem a música. Mas, não me atrevo. Poderia ser desagradável pôr-me aí como um rabugento desmancha-prazer e mofento fiscal do mundo. Quando uma vez eu ousei fazê-lo em um restaurante, o dono me ensinou que teria de haver música, senão o local pareceria vazio e frio.

Que ofensa para a música, a mais bela de todas as artes! Ela não existe mais para ser ouvida, mas para preencher espaços vazios. Ou para animar a clientela nas lojas a comprar alegremente: Um excesso de silêncio poderia criar um clima reflexivo e refrear a vontade de comprar. Em compensação, com ritmos ligeiros e melodias simples logo o cesto de compras está cheio.

E ai de você que é enredado no laço ao aguardar ser atendido pelo telefone de uma empresa! Aí você é molestado com música, que o tortura através da linha com a má qualidade e um volume insuportável. Manter o aparelho à distância alivia apenas em parte. E você nem pode gritar "desligar!", pois, do lado da linha, ninguém escuta.

Em comparação com o olho, o ouvido tem uma desvantagem decisiva: Ele não pode ser fechado. Pelo contrário, acolhe impotente toda onda sonora. Este sensível órgão, que para as culturas mais primitivas valia como uma porta para o mundo interior, é hoje congestionado com lixo acústico.

Onde se faz ininterruptamente uma música de má qualidade, aí a música se confunde até formar um único angu. Aí soa tudo mais ou menos igual, mas, uma vez que ninguém escuta direito, isso pouco importa. Frequentemente é também difícil saber onde termina uma e começa a próxima música, já que as transições se confundem. Basta que não haja pausa, que não haja interrupção!

Música que mereça este nome não escorre o dia todo de alto-falantes. Ela precisa do silêncio. Precisa de pausas. E precisa de ouvidos que a escutem. Uma música que não encontra uma ressonância não é música.

Quando Beethoven tocou ao piano uma nova sonata para um amigo, este perguntou: "Que significa esta peça musical?"

Beethoven sentou-se ao piano, tocou novamente a sonata e disse: "Significa isto".

Isto é música!

Não há palavras, não há explicações – há apenas este tom, depois o próximo e mais o próximo. E, entre os sons, sempre de novo o silêncio. Pura presença, puro ouvir, puro compreender.

Recentemente eu tomei meu cafezinho. A música escorria ainda dos alto-falantes, mas ninguém parecia tomar conhecimento dela. Apenas sua ausência chamaria a atenção.

E pago, deixo o local e mergulho no barulho da cidade.

25 Muitos barulhos, um silêncio

Barulho faz parte de uma cidade, assim como as casas, o trânsito e a multidão. Mesmo se, ao longo dos séculos, o nível de poluição sonora subiu constantemente, já anteriormente havia barulho nas cidades. "É absolutamente impossível dormir em algum lugar da cidade; o trânsito ininterrupto de carros nas ruas vizinhas é suficiente para ressuscitar mortos" – escrevia o poeta romano Juvenal, no ano 117 da era cristã.

Em Berna promulgou-se, em 1661, um decreto "contra gritar, vociferar e fazer desordens aos domingos" e a isto se seguiram decretos contra "cachorros latindo" e "contra fazer música depois das dez e meia da noite".

Immanuel Kant se irritava com o galo barulhento do vizinho, Friedrich Schiller se queixava das marteladas e batidas dos ourives e Arthur Schopenhauer xingava com o "assobiar, chorar alto, gritar, martelar, chicotear, deixar ladrar e coisas semelhantes" ao seu redor – para ele, tudo isto era sinal de um ser humano altamente incivilizado.

O barulho é, para algumas pessoas, motivo para fugir da cidade. Outros a buscam justamente por isto: eles mergulham no barulho para nisto se esquecerem de si mesmos. Barulho pode viciar, isso se pode ver nos jovens, e também naqueles não tão jovens, para os quais é insuportável estar sem aparelhos nos ouvidos e música barulhenta saindo do iPod®.

"Tudo faz barulho", dizia indignado Sören Kierkegaard há cento e cinquenta anos. E com isto ele tinha em mente não apenas o barulho acústico, mas também o barulho de uma atividade ininterrupta que parece temer o silêncio da interrupção.

Como se houvesse previsto o volume do som da moderna sociedade midiática, Kierkegaard criticava o fato de se alardear qualquer insignificância com muito barulho para impressionar o público: "E o ser humano tornou-se como que insone a fim de inventar sempre mais novos meios para reforçar o barulho e difundir o ruído e o insignificante com a maior rapidez possível e na maior medida possível". O grito do filósofo contra a zoeira do mundo ressoa hoje como o pedido de socorro de alguém que está se afogando: "Oh! Façam silêncio!"

O grito perdeu-se sem ser ouvido.

O mundo tornou-se profundamente barulhento nestes cento e cinquenta anos passados após Kierkegaard. E não se pode ainda vislumbrar nenhum final. O barulho cresce constantemente. As consequências são mensuráveis: se há quinze anos o ser humano ainda podia distinguir 300.000 sons, são apenas 180.000 hoje. Uma vez que diminui a capacidade de audição, o volume dos sons tem de ser cada vez mais elevado. Sons de baixo volume não são mais percebidos pelo ouvido superexcitado.

Quem não mais ouve é surdo.

A palavra surdo tem originariamente também o significado de "insensível", "sem sentido", "morto" e "seco". Onde desaparece o som de baixo volume, a vida perde seu encanto e possivelmente também seu sentido.

Grandes verdades nunca foram alardeadas ao mundo com estrondo. Elas não precisam de amplificadores e alto-falantes. Precisam de pessoas que ainda sejam realmente capazes de ouvir.

Quando o profeta Elias esperava no deserto pela aparição do Eterno, veio primeiramente um forte vento que, com grande estrondo, rompeu montanhas e despedaçou rochas; depois, a terra tremeu; finalmente, acendeu-se um fogo. Mas, nestas manifestações sensacionais não se podia descobrir o Eterno. Este mostrou-se finalmente como "zunir silencioso, suave" (Martinho Lutero), como "voz de um silêncio que paira" (Martin Buber).

Em uma unanimidade que impressiona, todas as religiões apontam para a necessidade do silêncio. Ele forma o pano de fundo do mundo, abre espaços e conduz a amplidões insuspeitas. Ele é indivisível e eterno. "Há muitos barulhos, mas há apenas um silêncio" (Kurt Tucholsky).

E hoje este silêncio único vale ouro.

26 Seres humanos e massas

Fim do trabalho diário na cidade. Os ônibus, o metrô e os trens estão cheios, as lojas estão cheias, as vielas e ruas estão cheias. Seres humanos, seres humanos, seres humanos. Cada um é único, inconfundível, com sua história exclusiva, totalmente pessoal. Agora, porém, afundam-se todos em meio à grande massa, à massa anônima, estranhos entre estranhos, seres humanos sem rosto.

Embora todos tentem, até onde é possível, desviar-se uns dos outros, no movimento agitado dão-se eventualmente choques. Seguir em paz o próprio caminho, enquanto se é constantemente invadido por novas impressões, é uma empreitada exigente; é, por assim dizer, a escola superior da meditação.

"Ei, o que está acontecendo?", gritou-me recentemente alguém quando eu esbarrei nele. Não aconteceu nada – simplesmente eu me perdi por um momento. No entanto, eu não pude mais lhe dizer isto, pois bem depressa a torrente humana o havia tragado de novo.

No meio rural é comum até hoje que duas pessoas se cumprimentem ao se encontrarem. Na cidade isto é impossível. Há gente demais para pouco espaço. A saudação não seria concluída, por isto, não começa. Assim, todos passam sem cumprimento e mudos uns pelos outros.

A maioria das pessoas cultiva a ilusão de ser um pouco melhor do que a grande massa (uma das mais obstinadas insinuações do Eu!). É grande a necessidade de se destacar da massa anônima.

O medo disto é, entretanto, ainda maior. Segundo Kierkegaard, muitos se refugiam na massa por não suportarem ser indivíduos. Mas justamente isto é, segundo ele, a tarefa do ser humano: tornar-se único. Assumir responsabilidade por si e pelos outros. O que, constata ele, requer coragem, e apenas poucos estão dispostos a fazê-lo.

Para Kierkegaard, a solidão é "uma necessidade vital como respirar". Ele parte do princípio de que uma comunidade só funciona realmente quando seus membros também são capazes de estar sozinhos. Solidão e comunidade são, para ele, dois polos que se condicionam e se complementam mutuamente.

Mas o que é solidão?

A resposta positiva reza: Solidão significa estar em acordo consigo mesmo, ser um só, repousar em si mesmo. É esta solidão que Kierkegaard tem em vista. É a solidão de muitos eremitas e monges, artistas e filósofos. E é a solidão de toda pessoa que ousa dar-se a si mesma tempo e espaço para estar sozinha consigo mesma.

A resposta negativa reza: Solidão significa isolamento social. Esta solidão não é buscada – ela resulta ou é imposta a alguém por circunstâncias exteriores desfavoráveis ou pela própria incapacidade de relacionamento. Então, frequentemente, a pessoa é estranha não apenas aos outros, mas também a si mesma e, aonde quer que vá, se sente excluída. Kierkegaard conhecia também este lado: estava à margem da sociedade burguesa, que ele desprezava, e era mais evitado ou ridicularizado do que amado pelas pessoas ao seu redor.

Em última instância, todos estão sozinhos, mesmo em formas diversas e em proporções diversas. Nós nascemos sozinhos e morremos sozinhos.

Somos, portanto, apenas solitários em meio ao alvoroço da noite. Quem não acredita não observou direito. Quem observa, corre o risco de, por um curto momento, ser arrancado do manto protetor do anonimato e ser ele mesmo observado. Pessoas tímidas como eu logo desviam de novo seu olhar e submergem na grande massa.

27 O monge no cruzamento

18 de março de 1958: O monge e poeta americano Thomas Merton encontra-se em um cruzamento movimentado em Louisville, Kentucky. Ele contempla as muitas pessoas que se dirigem apressadas a seus negócios. Não as conhece, mas tem, de repente, a inabalável certeza de estar ligado a todas elas. Sua percepção é resumida em uma frase: "*There are no strangers* – não há estranhos!"

Será mesmo?

Quando eu me encontro em um movimentado cruzamento tenho o sentimento de que há apenas estranhos. Não conheço ninguém e não sou reconhecido por ninguém.

Com Merton poderia haver sucedido o mesmo. Porém naquela tarde de primavera em Louisville ele experimentou algo bem diferente: viu o que o ligava a todas as pessoas, reconheceu o que é comum a todos os seres humanos. Merton percebeu o espírito único que se expressa de modo singular em cada ser humano.

Ainda mais: Ele viu-se a si mesmo em todos os seres humanos que ele não conhecia de maneira nenhuma: "Eu sou um só com eles... Eles não são 'eles', mas, meu próprio Eu". Ele vivenciou-se como parte de uma só humanidade, e não tinha mais necessidade de destacar-se dela.

Enquanto monge, Merton havia até então traçado uma linha de separação entre a vida espiritual e o mundo. Agora ele sabia que essa separação era um engano. Também enquanto homem solitário e enquanto monge ele pertencia a este mundo, estava ligado a ele e era responsável por ele: "O homem solitário não se fecha em si mesmo, senão que se torna um todo homem".

Thomas Merton, um Sr. Todo Homem, assim como nós todos, não podia mais reivindicar apenas para si a vocação para a vida monástica e para a solidão. Ela pertencia a todos, e ele queria vivê-la também na perspectiva de todos os seres humanos.

There are no strangers – não há estranhos. Eu não posso compreender esta frase, porque, inicialmente, ela contraria minha percepção: na cidade eu me deparo apenas com estranhos. Se, no entanto, eu deixar esta frase descer mais profundamente, se eu a *meditar* e *contemplar* em vez de analisar, poderei então saborear tal experiência. Eu vejo as muitas, muitas pessoas, e tenho o pressentimento de que nós provavelmente temos mais em comum do que comumente me é consciente.

Minha história individual está entranhada na história da humanidade. Eu tenho parte em suas páginas claras e em suas páginas obscuras, em suas alegrias e em seus sofrimentos, suas absurdidades e suas esperanças, seu infortúnio e sua felicidade. Faço parte de tudo isso.

Dez anos mais tarde, Merton abordou novamente este tema. Por ocasião de uma conferência inter-religiosa em Calcutá, em 1968, ele lembrou que o nível mais profundo da comunicação é a comunhão – a vivência da ligação mútua: "Meus queridos irmãos e irmãs, nós já somos um, embora não o saibamos. O que nós temos de descobrir é nossa unidade originária. Nós temos de nos tornar o que nós já somos".

There are no strangers: no cruzamento de ruas em Louisville uma placa comemorativa lembra a percepção inspiradora de Merton. Os passantes passam por ela em multidões, lançam talvez um olhar fugidio sobre a placa, leem a frase e vão adiante. Solitários? Estranhos?

There are no strangers.

28 Confusão na loja

É comum que o caminhante vivencie sempre novas surpresas na cidade. Elas interrompem o curso habitual das coisas. E fazem bem, pois colocam em questão certas obviedades e tiram o pensamento corriqueiro dos trilhos habituais.

Eu me encontro perante o elevador na loja Loeb, de Berna, e aguardo. Acima da porta do elevador aparece, em vermelho luminoso, o número do andar no qual o elevador se encontra no momento. Eu vejo um dois, depois um três e um quatro. O elevador sobe. Até que ele esteja novamente perante mim cá embaixo pode levar algum tempo.

Devo subir a pé?

Há uma alternativa, conforme uma pequena placa ao lado da porta do elevador: "Um outro elevador encontra-se junto aos produtos de couro".

Mas, onde estão os produtos de couro?

Alguém rabiscou embaixo a resposta com um lápis: "Os produtos de couro estão junto ao outro elevador".

Obrigado pela indicação. Dá-me a pensar. Devo eu agora buscar o segundo elevador porque lá se encontram os produtos de couro ao lado das quais se encontra o segundo elevador? Ou devo eu começar pelos produtos de couro para encontrar o segundo elevador ao lado do qual estão os produtos de couro?

Eu fico parado em pé e passo em revista as possíveis variantes. O pequeno mundo na loja torna-se aqui cada vez mais louco. Vejo-me errando por aí à caça do elevador ou dos produtos de couro. Vejo as vendedoras que me perguntam o que estou buscando, e me vejo responder que estou buscando mesmo é o segundo elevador, mas, primeiramente, os produtos de couro, talvez também vice-versa e, se possível, as duas coisas ao mesmo tempo ou também nada disso.

Isso daria uma história engraçada.

No final eu seria encarado como louco ou idiota. Por isto eu permaneço parado e me aferro ao que sei: O *primeiro* elevador encontra-se perante mim. E eu me encontro perante o primeiro elevador.

Uma pequena placa, uma nota rabiscada abaixo, e já toda a lógica está em sua forma correta. Mas a lógica não é a conclusão última da sabedoria, mas apenas *um* modo de encarar o mundo. Ninguém pode renunciar ao pensar lógico. Mas, quem confia apenas nele, em algum momento não vai mais adiante. Como eu, diante do primeiro elevador na Loeb.

Há uma lógica que prepara uma armadilha para si mesma. Mas, onde a lógica não mais alcança, reina insegurança e confusão. Muita coisa está em questão. O óbvio não é mais óbvio. A orientação torna-se difícil. Isto é provavelmente desagradável, porém não é apenas negativo. Pois a insegurança pode conduzir mais longe do que o pensamento lógico retilíneo. Disso sabem filósofos e artistas, assim como os místicos. A confusão está frequentemente no início de um caminho, que conduz a uma nova clareza.

O rabisco no elevador faz com que eu, por um curtíssimo momento, tropece nos limites do pensamento calculista. Um amável turbilhãozinho corre pela cabeça, balança todas as certezas e de novo me põe suavemente no chão. Neste ínterim, também o elevador número um está de volta e eu posso entrar nele.

Enquanto isso, sei que os produtos de couro e o segundo elevador na Loeb estão bem ao lado dos guarda-chuvas. E, caso precise de um guarda-chuva: você encontra um belo sortimento junto ao segundo elevador, ao lado dos produtos de couro.

29 A chuva é grátis

Chove. As pessoas abrem seus guarda-chuvas e tentam desviar-se das poças d'água no chão. Todas têm pressa. Ninguém quer ficar parado na chuva por muito tempo.

Considero consolador o fato de chover também na cidade: quase tudo o que é natural foi aqui restringido, tapado ou desterrado, mas a chuva continua caindo quando e onde quer. E as pessoas continuam ficando molhadas.

Para o monge e eremita Thomas Merton a chuva era pura festa. Ele se alegrava quando as gotas caíam sobre o telhado de sua cabana e o faziam lembrar "que o mundo inteiro é movido por ritmos".

Merton vivia em uma cela simples, rodeada de plantações de grãos e de florestas. O barulho discreto da chuva era para ele "a fala mais consoladora do mundo", pois que acontece de modo não intencional, não custa nada e não condena ninguém. A chuva era para ele uma boa amiga, e ele podia ficar horas a fio escutando sua conversa.

Na cidade isso é mais difícil. Aqui o fino ruído das gotas desaparece no barulho. Não é mais a chuva que corre, mas o trânsito.

Entretanto, a chuva cai sempre como uma leve desordem no mundo urbano. Os automóveis têm de ir devagar, enquanto os pedestres andam mais depressa. As pessoas, constata Merton, são "um pouquinho mais vulneráveis do que de costume", mas continuam carregadas com "o peso de suas ideias fixas".

A chuva lava casas e ruas. Limpa alguma sujeira e purifica o ar sujo. Faz brilharem as vielas e as cores das fachadas das casas. Encanta o mundo. Tudo se torna um tanto diferente, só que quase ninguém vê isto. Pelo contrário, é comum queixar-se da chuva, "de modo mecânico e nada espirituoso", como observou Merton.

Aqui se deveria fazer uma festa.

A chuva valia para as outras culturas como um símbolo da vida: a água do céu umedece a terra e a faz frutificar. A poesia medieval vê, nas gotas da chuva, sinais da graça celestial. Hildegarda de Bingen compara a chuva com a força interior que anima o ser humano. E Paul Celan escreve, cheio de admiração, em um poema: "Água – que palavra!"

Entretanto, a água tem também um outro lado. Pode causar danos e destruir vidas, como mostra o mito bíblico do dilúvio. Minha cidade está situada em uma península, e sua parte mais baixa foi já algumas vezes inundada pelo rio. Se a gente vir então como a água, tornando-se selvagem, passa correndo em alta velocidade pelas estradas e nisto arrasta consigo automóveis, bancos e árvores, então a gente pressente que poder a água tem e como uma cidade pode ser vulnerável. Mas, por sorte, isto é a exceção.

Chuva na cidade.

Ninguém a planejou, ninguém a fez, ninguém pode administrá-la e ninguém pode fazê-la parar. Chove, simplesmente. Grátis e sem intenção. Isto é digno de nota em um mundo organizado segundo os princípios de economia e eficiência. Um presente do céu, de fato.

Thomas Merton expressou há quarenta anos o temor de que este presente um dia pudesse se tornar um negócio: "Virá o tempo em que lhe venderão até mesmo a sua chuva". Ele parece ter razão.

A luta por água mundo afora está hoje completamente travada. E nos supermercados pode-se comprar grandes garrafas pet nas quais não há senão água de chuva.

E a chuva continua caindo grátis. E as pessoas abrem seus guarda-chuvas, caminham mais depressa e reclamam do mau tempo.

Entre animais humanos

E você se aprofunda na vida, olha atentamente o caos violento, dinâmico, do Ser, então de repente se apossa de você uma espécie de vertigem. Em tudo você se encontra de novo... em toda parte onde vê a vida – isto é você!

Albert Schweitzer

30 Aprender a ver

É manhã, pouco antes das oito. Tenho pressa. A senhora idosa, com seu cachorrinho besta, obstruindo minha passagem pela viela estreita, me enerva. Tenho um compromisso com minha oculista. Eu resmungo "quero passar", porém ou ela não ouviu ou não quis ouvir. Ela deixa o cachorrinho ir adiante na longa corda e passeia na minha frente na maior comodidade. O número 79, da casa onde fica o consultório, está à vista, de modo que eu reduzo minha velocidade e vou me arrastando mal-humorado atrás dela.

Mas, exatamente na entrada do número 79, também a mulher faz a curva. E vai para a mesma porta que eu, à minha frente, naturalmente, com seu cachorrinho. Assim como eu, assim também ela renuncia ao elevador e sobe pela escada. No primeiro andar ela para e entra no mesmo consultório que eu. Eu a sigo e constato que ela é cumprimentada pela atendente da oculista muito mais amavelmente do que eu.

E de repente eu compreendo e me assusto: esta mulher com o cachorrinho é minha oculista!

Por sinal, uma senhora extremamente simpática que tem muito tempo para suas pacientes e seus pacientes e cobra relativamente pouco, enquanto o cachorrinho cochila debaixo da escrivaninha.

Uma história dessas é constrangedora

Entretanto, ela provavelmente não notou nada, pois me cumprimenta com uma amabilidade que me envergonha.

Isso tudo se passou em poucos minutos. Começou com o medo de chegar atrasado. O medo me deixou cego e desencadeou em mim um funesto automatismo: eu declaro minha inimiga uma inofensiva pedestre que aparentemente está tomando minha passagem. Esta, entretanto, revela-se ser alguém que vem em meu auxílio.

Há bons motivos para que, de acordo com a maior parte das escolas de espiritualidade, seja tão valioso que o ser humano não julgue os outros. E também que não se engane a si mesmo, mas permaneça desperto e observe o que ocorre em sua própria cabeça.

O cachorrinho me faz lembrar o filósofo Arthur Schopenhauer, que frequentemente caminhava com seu *poodle*. Diferentemente de minha oculista, Schopenhauer não gostava nada das pessoas. Quando uma vez uma costureira o irritou com seu palavrório, ele a derrubou tão brutalmente, que foi obrigado a lhe pagar uma pensão até o final de sua vida.

Mais leve foi sua colisão com um passante. Desta vez o que causou o incidente não foi seu mau humor, mas sua distração. Ele estava tão absorto em seus pensamentos, que não pôde ver o outro e se chocou diretamente com ele. Ele queria já ir adiante quando o homem gritou para ele: "Ei, quem o senhor pensa que é?" Schopenhauer olhou admirado e respondeu: "Eu? Quem sou eu? Ah! Se eu soubesse!"

Esta resposta é muito honesta. Alguns choques podem se dever ao fato de eu não saber quem sou. Projeto então todas as histórias possíveis em outros, em vez de examinar o que se passa dentro de mim.

É realmente a mulher com o cachorrinho que está no meu caminho? Ou sou eu mesmo, com meu medo e minha impaciência?

Sem notar, posso em um segundo criar um mundo hostil e me extenuar em lutas, quando apenas bastaria abrir os olhos e olhar direito.

Sem o saber, minha oculista me deu nesta manhã uma pequena lição sobre o ver.

31 O cerne do *poodle*

O cachorrinho do filósofo Schopenhauer tinha um nome especial: *Atman*. Esta palavra sânscrita, que Schopenhauer traduz por "alma do mundo", designa, nas doutrinas sapienciais da antiga Índia, o cerne mais profundo de todos os seres vivos. Este cerne constitui uma unidade com o Absoluto, Brâman.

O filósofo chamava seu *poodle* branco Atman porque, no olhar nítido do cachorrinho, ele acreditava reconhecer a alma do mundo. Na condição de solitário inconfundível, provavelmente ele nunca olhou assim tão profundamente nos olhos de alguém. Apenas no "semblante honesto" de um cachorro ele podia olhar sem desconfiança, enquanto nos seres humanos ele acreditava descobrir apenas "fingimento, falsidade e perfídia infinitos".

Aqui fala um solitário e decepcionado que temia e evitava a proximidade das pessoas. Entretanto, sua observação não é totalmente falsa. Pertence ao jogo social assumir papéis e portar máscaras. Frequentemente é difícil saber *quem* se esconde aí atrás.

Schopenhauer era um passeador assíduo. Ele andava sempre sozinho. Como acompanhante ele suportava apenas Atman a seu lado. Frequentemente ele falava com o animal e gesticulava efusivamente com as mãos para acentuar o significado de suas palavras. Mas, se o cachorro de repente não quisesse obedecer, seu dono podia também ficar furioso e xingar em voz alta com o cachorro: "Seu ser humano!"

Inversamente, ele chamava o ser humano "bípede", ou, em latim, *bipedes* – uma designação que mais faz lembrar um animal.

Ao longo de toda sua vida, ele sentiu-se terrivelmente solitário, confessa Schopenhauer. Como amigos ele tinha apenas os grandes pensadores do mundo – e seu cachorro.

Ele se alegrava mais quando Atman balançava o rabo – ele via nisto um sinal de uma dedicação sincera.

Porque, em seus passeios, nem sempre queria evocar a alma do mundo, o filósofo deu a Atman o apelido de Butz. Quando morria um *poodle*, ele providenciava um outro tão parecido quanto possível e lhe dava os mesmos nomes. Ele estava convencido de que todo ser vivo é expressão de uma ordem superior, que ultrapassa espaço e tempo. Influenciado pela espiritualidade da Índia, ele acreditava que todo cachorro é ligado a todos os outros cachorros – com os atuais tanto quanto com os do passado e os do futuro. Em todo cachorro mostravam-se todos os cachorros que já houve, que há e que haverá.

Segundo Schopenhauer, isto vale não apenas para os animais, mas também para todos os seres vivos, também para o ser humano. Todo existente tem o mesmo cerne essencial que se manifesta em inúmeras formas individuais.

Neste ponto, o pensador misantropo se torna surpreendentemente sociável ao declarar: "O abismo entre nós e os outros é, na realidade, apenas um engano. É uma mera ilusão nós pensarmos que haveria uma distinção entre nós e os outros. Nós todos somos uma e mesma essência: eu sou você e você é eu!"

Estar ciente desta profunda unidade pertence ao cerne da mística do Oriente e do Ocidente. Nem todos tiraram a mesma conclusão disto. Um Thomas Merton, por exemplo, esforçou-se intensamente pelo encontro e pelo diálogo com outros seres humanos.

Bem diferente é Schopenhauer. Ele estava por demais empenhado em delimitar rigorosamente seu Eu em relação a todo Você. Quando um jovem admirador o descobriu em um passeio e se apresentou – "Com sua permissão, eu sou Georg Wehmeyer, de Offenbach" –, Schopenhauer resmungou apenas "É possível", e foi à frente.

Resta apenas esperar que Atman tenha ainda lançado um olhar benevolente ao perplexo Senhor Wehmeyer! Afinal, seu mestre tem mesmo razão: às vezes os seres humanos podem ser muito estranhos.

32 Chegando ao cachorro

Escrever um livro conduz a estranhas trilhas. Através de minha oculista e de Schopenhauer eu cheguei ao cachorro.

Será que eu me perdi?

Minha relação com este animal é, em todo caso, tensa. Como passeador, eu já tive muitas vezes encontros desagradáveis com cães – ou talvez, antes, com seus donos.

Um cachorro que vem correndo em minha direção e salta em cima de mim me assusta. Mesmo quando ele apenas quer brincar, como me dizem cada vez os donos. Eu não quero brincar.

Anteriormente eu tentava subjugar o animal com o olhar e intimidá-lo com palavras proferidas em voz alta. Ultimamente eu sei que isto é simplesmente o que há de mais besta que se pode fazer. Um cachorro sente o olhar fixo e as palavras proferidas em voz alta como um ataque, e se põe em atitude de defesa. Por puro medo eu provoquei cada vez exatamente aquilo que temia. Ou, como diz o provérbio: quando você grita na floresta, o eco retorna.

Entretanto, desde que fomos acompanhados durante duas semanas por um cachorro sem dono em uma ilha grega, minha relação com os quadrúpedes tornou-se menos tensa. Aonde quer que fôssemos, o fiel animal com seus olhos tristes ia conosco. Com o tempo veio juntar-se ainda um segundo cachorro. Eu gostava dos dois, que ainda mantinham todos os outros cachorros longe de nós.

Na despedida, nós lhes demos algumas linguiças compradas no supermercado.

Quando se perguntou ao místico sufi Shibli quem lhe havia mostrado o caminho, ele respondeu sem quaisquer rodeios: "Um cachorro".

A gente sai por aí buscando em toda parte um instrutor, quando este está diretamente diante da gente.

A gente tem de reconhecê-lo.

E Shibli o reconheceu: "Eu vi quando um cachorro sedento estava à beira de um lago e queria beber água. Porém, cada vez que queria tomar um gole, ele via seu reflexo, se assustava e recuava, pois imaginava ter perante si um outro cachorro. Quando sua sede se tornou excessiva, ele superou todo medo e saltou na água. Naquele momento desapareceu seu reflexo. O único impedimento entre ele e aquilo que buscava havia desaparecido – ele mesmo, em seu reflexo".

Quando encaro uma situação, estou realmente vendo com clareza – ou estou olhando no espelho de minhas expectativas e meus temores, meus desejos e meus medos? Quando um cachorro salta latindo na minha direção, estou vendo realmente um cachorro – ou estou obcecado pelas minhas concepções sobre o que poderia agora estar acontecendo? Quando encontro uma pessoa, estou realmente a encontrando – ou apenas a imagem que tenho dela?

Com bastante frequência sou eu mesmo, com minhas concepções e fantasias, que obstruo meu próprio caminho. Porém no momento em que tomo consciência disto o reflexo se desfaz – e eu posso beber da água fresca, cristalina, da vida, como o fez o cachorro de Shibli.

Quando, recentemente, na floresta, um cachorro preto ladrou com força para mim, sua dona me perguntou amavelmente se eu estava com medo. Não, não, respondi logo. Isto era naturalmente uma mentira, mas é que eu não gosto de passar por medroso.

A mulher não estava convencida da minha resposta, e acrescentou que o cachorro estava sentindo minha insegurança e apenas queria me mostrar como era inofensivo.

Pode ser.

Mas eu não quero que um cachorro latindo me lembre que sou medroso. E acho deselegante que os cachorros ladrem, sobretudo, para pessoas que têm medo. Pouco adianta que alguém me aconselhe a não ter medo. Com efeito, até hoje eu não sei como é que a gente consegue, na hora do medo de ser atacado pelo cachorro, deixar de ter medo para não provocar o ataque. Isto é um paradoxo, como aqueles aos quais os mestres zen expõem seus discípulos a fim de conduzi-los à iluminação. Portanto, continuo treinando, e, nesta perspectiva, eu posso até me alegrar com todo cachorro que vem ladrando ao meu encontro.

Isto, naturalmente, não interessa ao cachorro. Ele late, me fareja e segue adiante.

33 Irmão lobo

Na plateia da sociedade eu não me movo assim tão elegantemente. *Smalltalk* eu acho cansativo. Em rodas em torno de uma mesa eu silencio. Quando uma conversa não flui, fico nervoso. E ocorre às vezes que, na cidade, eu me desvie de pessoas que conheço.

Eu sou tímido.

A palavra "tímido" vem de temer e se refere originariamente à reação de fuga de um animal apavorado. Por trás da timidez está o medo. Medo das pessoas.

O que, então, se deve temer nelas? Seu egoísmo nu e cru, diz o filósofo inglês Thomas Hobbes, também ele uma pessoa tímida: cada pessoa olha apenas sua própria vantagem e procura suplantar todas as outras. Concorrência, desconfiança e ambição determinam o comportamento humano. Segundo a análise sombria de Hobbes, reina uma luta impiedosa de todos contra todos: *Homo homini lupus*, "O ser humano é o lobo do ser humano".

Isto é uma imagem pessimista do ser humano, e, certamente, o Estado autoritário que Hobbes recomenda como remédio contra este estado bélico dificilmente pode ser a solução. Mas eu me surpreendo frequentemente pensando em categorias hobbesianas e em muitas pessoas vejo concorrentes, quando não como possíveis inimigos. Eu tenho de estar sempre atento para não ser mordido – e para poder eu mesmo morder enquanto é tempo.

Mas o medo do outro é apenas um lado da timidez. O outro é a dúvida em si mesma, o sentimento abafado de não bastar, de não ser suficientemente forte e bom. A falta de sentimento do próprio valor pode fazer de um ser humano um lobo que, com agressividade, tem de se proteger contra possíveis ataques.

Thomas Hobbes viveu no século XVII, em um tempo de extrema intranquilidade, quando as guerras devastavam amplas regiões da Europa. Sua mãe deve haver se assustado de tal modo com o aparecimento da frota espanhola no Canal da Mancha, que ele nasceu prematuramente. "Minha mãe deu à luz gêmeos, a mim e ao medo", escreveu mais tarde Hobbes. Este medo o acompanhou ao longo de sua vida, mesmo assim ele viveu 91 longos anos (o que não deixa de ser consolador para todos os medrosos).

Mas, retornemos ao lobo. Na antiga mitologia ele vale como um animal astucioso e maldoso. São Basílio parte disso ao dizer: "Assim são as pessoas astuciosas e traidoras. Quando encontram pessoas boas, elas se põem como se vivessem de modo totalmente inocente e não tivessem em mente nenhum mal, porém seu coração está cheio de amargura e astúcia".

Imediatamente cada um se lembra de pessoas a quem esta descrição poderia se ajustar. Porém em grande parte isto são projeções. Este lobo astucioso e traidor não é o outro, o lobo sou eu. No momento em que tomo consciência disto, o lobo certamente não desaparece, porém agora ele não é mais assim tão imprevisível e manhoso.

São Francisco dirigia-se ao lobo como "irmão". Não tinha nenhum medo dele. Pelo contrário, conseguiu amansar um lobo perigoso que havia trazido medo e terror a toda uma cidade. Ele viu que o lobo estava com fome e lhe prometeu que doravante a cidade haveria de cuidar dele se ele deixasse as pessoas em paz. O lobo manifestou seu assentimento uivando e pôs, nas mãos do santo, a pata dianteira direita. Então os dois foram à cidade, onde desde então o lobo viveu em paz. Quando ele morreu, toda a cidade chorou.

Irmão lobo... Assim como todo ser humano é o lobo do outro, ele também é irmão ou irmã do outro. Certamente eu posso continuar temendo os outros, porém eu também tenho o pressentimento daquilo que nos une.

E o lobo que há em mim, aquele que se esconde na pele de cordeiro do tímido, uiva baixinho e se deita para dormir.

34 Os hipopótamos e a reverência perante a vida

Como é possível que seres humanos façam mal aos seus semelhantes de propósito? Foi no tempo da Primeira Guerra Mundial que Albert Schweitzer, teólogo que também atuou como médico na floresta virgem, lançou esta premente questão. Ele interpretava a guerra como sinal de decadência de uma cultura. E buscava intensamente um princípio ético fundamental que pudesse ter validade para todos os seres humanos ao redor do globo terrestre.

Entretanto, ele não fez grandes progressos. Tudo o que sabia a respeito de filosofia, religião e ética não adiantou.

No outono de 1915, ele empreendeu, na África Central, uma longa viagem no Rio Ogowe para socorrer uma senhora enferma. Viajou em um pequeno e velho navio a vapor que tinha de arrastar dois botes. Era a estação seca, e o navio teve de buscar um caminho entre os grandes bancos de areia.

Schweitzer quis aproveitar a viagem para meditar mais profundamente sobre um fundamento sólido para a convivência. Escreveu páginas e páginas, e acabou não encontrando uma solução satisfatória.

Então aconteceu...

Uma noite, quando mais uma vez, decepcionado, pusera de lado suas anotações, ele descobriu à margem quatro hipopótamos com seus filhotes. Eles caminhavam em um banco de areia na mesma direção do navio. Schweitzer olhou para eles fascinado. E, de repente, estava diante dele a expressão buscada tão desesperadamente: "reverência perante a vida". Ele jamais havia ouvido ou lido esta expressão. Mas agora ele a *via*.

Assim ele havia encontrado seu princípio ético oniabrangente, que diz respeito não apenas à relação entre os seres humanos, mas também à relação com *todos* os seres vivos, também os animais.

Por que exatamente hipopótamos haviam ajudado Schweitzer a alcançar este conhecimento, isto nem ele mesmo sabia. Mas, de uma coisa ele tomou consciência repentinamente naquele momento: A vida é valiosa. Qualquer vida. Nunca será possível criar a vida do nada. Pelo contrário, no início da vida se encontra uma centelha originária que, há milênios, é levada adiante em formas sempre novas.

Toda vida deriva de uma outra vida. Com essa vida o processo da criação vai adiante.

Face a esta dimensão abrangente, Schweitzer elegeu o conceito "reverência". Ele expressa mais do que um simples respeito. Trata-se do reconhecimento de que a vida é inviolável. Toda vida é sagrada. O encontro com o sagrado suscita sempre as duas coisas: veneração e temor.

Em todos os seres vivos expressa-se a mesma elementar vontade de vida, diz Schweitzer. Por isto também pode todo ser vivo dizer: "Eu sou vida que quer vida em meio à vida que quer vida". Esta fórmula tão simples quanto profunda é a chave para um autoconhecimento que não para nas fronteiras do próprio Eu.

A reverência perante a vida tem sempre dois aspectos, um passivo e um ativo: Não se pode causar dano a nenhum ser vivo – e se deve prestar assistência a todo ser vivo carente. Na opinião de Schweitzer nós devemos encarar o destino de outros seres vivos como nosso próprio destino. Quem assim viver pratica "mística ética".

Os quatro hipopótamos no banco de areia no Rio Ogowe não sabiam nada de reverência. Este conceito não ocorre na natureza. Pelo contrário, aqui reina a lei impiedosa de devorar e ser devorado. A reverência perante a vida é reservada ao ser humano. Somente ela faz dele verdadeiramente um ser humano. Mas ela vale também para os hipopótamos. Ela vale para toda criatura. Ela é um único e grande sim à vida.

35 Comunicando-me com uma vaca

Em meus passeios pelo campo eu me deparo vez por outra com vacas. Esses animais parecem, à primeira vista, serem bastante limitados, pastam o dia todo e além disto não fazem nada. Mas isto não é verdade. As vacas interessam-se muito por aquilo que acontece ao seu redor. Elas são curiosas. Quando, passeando, eu passo ao lado delas, de modo quase automático suas cabeças se voltam para mim e elas me encaram com uma franca curiosidade. Então, com igual franqueza, eu olho nos olhos de um ou outro desses animais.

Eu encaro o animal, que me encara.

Surge uma ligação tácita. Duas criaturas em uma comunicação silenciosa, e, ao que me parece, como se houvesse uma espécie de consenso entre nós, embora eu não saiba em que pudesse consistir isto. Talvez simplesmente no fato de nós aqui nos encontrarmos e vivenciarmos em comum este momento.

Pobre vaca, penso eu, você é criada apenas para dar leite e carne. Ao mesmo tempo você é um ser vivo como eu, sensível e vulnerável como eu. Diferentemente de mim, você vive totalmente no momento; para você não existe algo diferente. Eu, pelo contrário, posso pensar no futuro, o que tem muitas vantagens, porém nem sempre é bom, especialmente quando eu penso em seu futuro. Saboreie, pois, o momento precioso agora; eu também estou tentando!

Enquanto eu vou pensando assim, a vaca me encara. Meus pensamentos parecem não movê-la. Quem é você?, pergunto-lhe. O que se passa com você? E, o que mais me interessa: Quem você vê quando me olha com seus olhos grandes e esféricos? O que pensa você sobre este ser humano, se é que você pensa alguma coisa? Você gosta de mim? Ou para você eu não faço qualquer diferença?

A vaca não se entrega. Ela olha, simplesmente.

A rigor, eu me sinto muito bem neste processo. Gosto de ser olhado de modo assim tão aberto e franco. No caso de seres humanos, eu nunca tenho assim tanta certeza. E, quando olho para mim mesmo, começa logo a surgir um sem número de comentários, muitos dos quais não tão edificantes. Mas a vaca olha, sem comentar. Ela me deixa ser.

Poder simplesmente ser significa liberdade. Quando eu não tenho de fingir e não tenho de representar nada, mas posso ser assim como sou nesse momento. Mesmo que seja no encontro com uma vaca curiosa.

A vaca é um antigo símbolo da bondade e da maternidade. Para outras culturas ela vale como animal sagrado e como personificação do universo inteiro. Esta ideia me agrada: No olhar da vaca é o universo que me olha. Em seus olhos grandes e cinzentos a criação contempla sua criatura que ora está passeando.

Finalmente, o constante movimento mandibular de uma vaca, quer agora ela esteja pastando quer esteja ruminando, tem algo de tranquilizante, quase meditativo. Um antigo método de meditação dos monges cristãos também se chama *ruminatio* – ruminar. Este método consiste em o monge repetir ininterruptamente uma palavra sagrada até que ela haja se fixado plenamente em seu interior. Nas instruções diz-se, por exemplo, que o monge deve ruminar esta palavra como a vaca rumina seu pasto.

É tempo de caminhar.

Após alguns passos, olho para trás. As vacas estão olhando para mim. Eu vou adiante, viro a cabeça mais uma vez. As vacas não estão mais olhando; simplesmente ruminam seu pasto. Provavelmente me esqueceram.

Sinto-me um pouco ofendido.

36 Do esterco ao mistério

Em caminhos por meio de campos e florestas é comum encontrar escrementos de cavalo. O próprio formato nos ajuda a distingui-los dos excrementos de um cachorro ou de um ser humano. As bolas isoladas têm a forma e o tamanho de uma maçã – e o cheiro é até bem agradável. Além disto, elas podem ser bem utilizadas: esterco de cavalo é bom como adubo, especialmente para plantas ornamentais como rosas ou orquídeas.

O esterco está no fim de uma longa cadeia. É um produto residual – e, no entanto, tem seu valor. Ele alimenta o solo, de modo que as plantas florescem melhor. Seu fim é o início de algo novo.

Inspirando-se neste ciclo natural, o monge dominicano medieval Johannes Tauler projetou uma ecologia da vida interior. Em uma de suas pregações mais famosas ele toma como comparação o esterco de um cavalo: o cavalo produz no estábulo um esterco malcheiroso e sujo; então ele tem de transportar esse esterco com grande esforço até o campo, onde será espalhado; assim florescem o nobre trigo e o vinho doce, os quais sem o esterco jamais floresceriam tão bem.

Tauler transfere esta imagem para a vida interior: o ser humano tem de levar ao campo seu esterco – suas falhas e fraquezas que ele não pode superar – com muito esforço e diligência, mas também com bastante serenidade. Quando o esterco é espalhado, começa a crescer totalmente por si mesmo o novo fruto.

Johannes Tauler descreve com esta comparação um processo de transformação e toca com isto um ponto central do caminho místico: a libertação para uma vida nova. O esterco conduz ao mistério.

No início está o fato de que o ser humano sempre de novo produz e carrega consigo o esterco. Para não ficar sufocado no próprio resíduo, é necessário estercar de tempos em tempos. Ninguém pode ficar sentado no próprio esterco. Ele pertence ao campo, tem de ser jogado e espalhado ali. Só assim ele pode desenvolver sua força oculta.

A gente sente o que há de libertador neste movimento: Eu descarrego meu esterco. Foi difícil suportá-lo; ele me oprimia – agora ele está perante mim. Eu o vejo e sei também que ele provém de mim – porém ele não é mais uma parte de mim. Eu não sou o meu esterco. Ao mesmo tempo eu percebo, à distância, que meu esterco também é bom para alguma coisa. Ele estimula o processo de transformação.

Na opinião de Tauler, o ser humano não tem este processo em suas mãos. Ele pode certamente impulsioná-lo e, para isto, tem também de fazer um bom esforço, porém o essencial acontece então sem a sua contribuição. Aqui estão em jogo outras forças. Quem se entrega a elas pode experimentar o mistério do recomeço.

A gente pode também ler a comparação de Tauler do seguinte modo: Quem precisa ter tudo totalmente limpo e perfeito e não quer produzir nenhum esterco nunca poderá colher o nobre trigo e o vinho doce, pois que faltam os necessários nutrientes.

Os excrementos de cavalo no caminho são, portanto, uma ocasião bem-vinda para se refletir um pouco sobre o próprio esterco – e sobre as possibilidades positivas que nele estão ocultas.

Caso isto não queira acontecer assim tão facilmente, eu posso pelo menos respirar fundo e sentir o odor fresco e telúrico. Com efeito, neste ponto eu tenho de discordar de Tauler: o esterco de cavalo não cheira mal.

37 Jumentos não riem

Nossos vizinhos mais próximos são os jumentos. Isto não é nenhuma ofensa, senão que deve ser tomado ao pé da letra. Os três animais estão frequentemente no prado ao lado da casa. Eles pastam, brincam uns com os outros e, às vezes, também fazem troça. No mais das vezes, porém, eles simplesmente não fazem nada. Estão simplesmente aí, como que inseridos na bela paisagem acidentada.

Trata-se de companheiros bastante teimosos: quando nós lhes oferecemos uma maça, é necessária muita persuasão até que eles se dignem abocanhá-la, para logo depois se retirarem. Jumentos não se deixam manipular. Também por isto eles jamais puderam ser engajados no serviço militar. Eles são eles mesmos, e isto é tão notório, que eles são tidos por teimosos. Porém isto não me preocupa.

Quando, após um dia cansativo, eu volto para casa, gosto de ficar vendo como os três animais saboreiam seu ócio. Eles são para mim verdadeiros mestres da serenidade. Quer esteja quente, quer esteja frio, quer esteja chovendo, quer esteja nevando, nada parece tirá-los de sua tranquilidade. Eles me mostram que as muitas coisas que tanto me ocupam talvez não sejam assim tão importantes. Provavelmente eles ririam do meu estresse, pelo qual em grande parte também sou responsável.

Porém jumentos não riem. E conservam para si o que pensam. Quase não dá para adivinhar o que passa por suas cabeças. Talvez nada mesmo?

Também isto eu pude aprender deles: libertar minha cabeça dos muitos pensamentos que rumorejam nela desde cedo até tarde. Estar simplesmente aí, sem um único pensamento. Estar presente, neste exato momento, agora.

As pessoas dizem que jumentos são bestas. Acontece que eles são inteligentes, às vezes até mais inteligentes do que o ser humano. Na Bíblia há uma jumenta que reconhece os sinais divinos, enquanto o vidente Balaão, que vai montado nela, é cego para isto. E, porque Balaão não compreende o que está acontecendo, cabe à jumenta lho explicar. Ela é, aliás, o único animal falante da Bíblia. Nossos jumentos teriam ainda de aprender isto, e certamente eles teriam também alguma coisa a me dizer.

Às vezes na estradinha ao lado de seu prado passa um automóvel. Os três animais olham para ele; não entendem certamente para que deva servir a alta velocidade. Jumentos são lentos. Não é certamente por acaso que José e Maria seguiram em um jumento para Belém e mais tarde para o Egito. Em um cavalo eles teriam avançado mais depressa – porém dá para imaginar a família sagrada montada em um elegante cavalo como sendo por assim dizer uma família apressada? Não, à modesta família de um carpinteiro de Nazaré não se ajustam bem as forças de um cavalo e sim o passo vagaroso de um jumento.

Que se chame de "jumento" alguém que fez algo errado é uma ofensa para o animal. Ele não faz nem mais nem menos do que outros animais – e não mais do que o ser humano!

"O jumento é um animal muito difamado e amplamente subestimado", constata o beneditino Basílio Doppelfeld, e acrescenta: "Isto muitos seres humanos têm em comum com ele".

De resto, um jumento não é simplesmente um jumento. Ele é um "animal caseiro de Deus". Assim pelo menos vê Ambrósio, Padre da Igreja.

Ouviram isto, seus três jumentos aí fora?

Ah, sim, já sei: isto não lhes interessa. Louvor ou censura – que é isto? Vocês estão aí, como sempre. Isto me agrada.

E mesmo que isto não lhes interesse, eu gosto de vocês.

38 A lição do pato

Também patos pertencem à nossa vizinhança. Eles nadam em um pequeno lago, ficam de pé ou sentados por aí e dormitam. Eventualmente, também grasnam bem alto: quac, quac, quac. Normalmente, isso dura bem pouco tempo; depois faz-se silêncio. Talvez estejam gritando algo para si mesmos. Ou estão dizendo em voz alta o que tem de ser dito mais uma vez. Às vezes brigam. E provavelmente eles grasnam sem motivo e sem conteúdo. Assim como os seres humanos.

Enquanto os seres humanos consideram importante seu grasnar, os patos o esquecem logo depois.

O autor teuto-canadense Eckhart Tolle fala da lição do pato: Quando dois patos estão brigando, por um momento eles fazem um forte barulho. Porém nunca isto dura muito. Depois de haverem gritado uns com os outros, eles se separam e vão embora nadando cada um para um lado. Eles ainda batem as asas algumas vezes, agitados, como se quisessem jogar fora sua fúria e se livrar da energia excedente. Então avançam pela água tranquilos e pacificados, como se jamais alguma coisa os houvesse perturbado.

O ser humano, entretanto, quase não é capaz de esquecer algo que o afligiu. Por muito tempo, ele ainda o carrega consigo. Mesmo que aquilo pertença ao passado, em sua cabeça o grasnar segue incansavelmente, como se a história fosse o presente. Irritação, angústia e preocupação nos acompanham enquanto pensamos em como aquilo pôde chegar tão longe, no que deu errado e em como sanar o impasse. Até em vingança pensamos para corrigir o passado e destorcer a coisa reagindo. Assim o grasnar pode render muito, mesmo quando ao redor as coisas já estão há muito acalmadas.

Quac, quac, quac.

Nisto os patos são decididamente mais inteligentes. Eles não carregam por muito tempo sua aflição, deixam-na para trás e, com toda tranquilidade, fazem novamente suas voltas nadando. O que passou, passou.

Pode acontecer que à noite eu esteja acordado na cama, porque preocupações imaginárias ou reais estão pesando e o barulho em minha cabeça é bem grande. Lá fora, tudo está tranquilo. De repente surge um barulho no lago. A tranquilidade da noite é rompida pelos patos, que, por algum motivo, se agitam e gritam alto. Talvez uma raposa ande furtiva em torno deles. Porém, assim como irrompeu, o barulho cessa imediatamente. A tranquilidade da noite engole toda a agitação. Apenas em minha cabeça o grasnar segue incansável. Os patos, porém, adormeceram de novo.

Em tais momentos eu começo a entender a lição do pato: Faça barulho e grite alto quando a situação o exigir! Mas só neste caso. E, tão logo a coisa tenha passado, você pode novamente esquecê-la. Talvez você ainda bata as asas com força algumas vezes e jogue fora o que o incomodou e deixou aflito. Então deixe estar tudo isto, nade para longe e adormeça novamente – e goze sua paz.

39 Pássaros na cabeça

Normalmente pardais fazem ninho na cumeeira de nossa casa. Na verdade aqueles pássaros pequenos, cinzentos, são muito graciosos. Só que, infelizmente, não cantam. Pardais chilreiam. Um barulho monótono e alto. Não é belo de se ouvir, e às vezes eu me ponho na janela e bato palmas bem alto para afugentá-los.

Entretanto, muito piores do que os pardais sob o telhado são os pardais em minha cabeça, que chilreiam desde cedo até tarde. Um pensamento corre atrás do outro e muitas vezes eles também revoluteiam confusamente. Vez por outra, eles vão embora voando por pouco tempo e a situação se acalma. Que tranquilidade maravilhosa!

Entretanto, logo eles estão de volta e fazem barulho.

Pássaros na cabeça... Em momentos de lucidez eu consigo observá-los à distância. Então fico admirado. Tanta tagarelice, tanta agitação – e, muitas vezes, tão pouca, deploravelmente pouca substância. Uma torrente infinita, confusa, de comentários a respeito de tudo e de todos, provocada pelos próprios desejos e aversões, cobiças e temores.

Alguns desses pássaros não anunciam nada bom e põem em perigo o equilíbrio interior. Martinho Lutero chama tais pensamentos negativos de tentações. Segundo ele, ninguém está obrigado a se entregar a eles. "Você não pode impedir que os pássaros nos ares voem sobre sua cabeça; mas pode impedir que eles façam um ninho em seus cabelos."

Os pensamentos são uma coisa. Eles vêm e vão. Outra coisa é o que eu faço deles. Deixo-os passar – ou lhes permito fazer ninho em minha cabeça?

Lutero recomenda serenidade: "Ei, isto faz parte da vida; que devo eu fazer disto? É uma tentação e continua sendo uma tentação. Não há de ser nada; Deus ajude que isto não me aflija e não me derrube".

Lutero conhecia os pássaros na cabeça por experiência própria. Ele teve de lutar com muitas tentações. Angústias insondáveis o atormentavam. Também ele era facilmente irritável e podia tornar-se muito furioso. Porém daquela que na sua opinião era a maior de todas as tentações ele foi poupado: a tentação de não ter tentação. Na sua opinião, isto apenas seria um motivo para arrogância. Ele preferia ser um valente pecador a ser um ser humano aparentemente não sujeito a tentações.

Quando já mais idoso, Lutero tornou-se, aliás, um verdadeiro amigo dos pássaros. Ele se alegrava quando os pássaros adentravam seu jardim vindo da pequena floresta vizinha e gostava de olhá-los. Com o tempo ele passou a entender de ornitologia. Só uma espécie de pássaro ele não podia suportar ao longo de toda sua vida: pardais.

Pardais, resmungava ele, apenas causariam danos no jardim: na primavera eles arrancam as sementes do chão, no verão arrancam os grãos das espigas e no outono arrancam as uvas da videira. Lutero chegou mesmo a pensar que as autoridades deveriam mandar exterminar todos os pardais.

Será que a gente não atira de canhão em pardais?

Mesmo querendo me livrar dos barulhentos pardais da cumeeira de minha casa, eu não gostaria de resolver o problema de modo tão radical quanto o Doutor Martinho Lutero. De algum modo eu sentiria pena deles.

40 Meditação com um peixe

Há duzentos anos, em Môtier, uma pequena aldeia de pescadores à beira do Lago de Morat, nasceu um pesquisador conhecido internacionalmente: Louis Agassiz, geólogo e perito em história do desenvolvimento dos peixes de água doce. Ele trabalhou como professor na renomada Universidade Harvard, nos Estados Unidos. Sua didática era extraordinária. "Estudem a natureza, não os livros!", recomendava a seus alunos. Em vez de abarrotá-los com saber e informação, ele lhes ensinava a arte do ver.

Um de seus alunos, Samuel Scudder, que se tornou um famoso pesquisador, relata que, quando Agassiz o recebeu pela primeira vez, o mestre pôs perante ele uma vasilha com um peixe. "Agora – disse ele – olhe bem para este peixe, não fale, não leia, também não use quaisquer instrumentos; olhe, simplesmente!"

A seguir Agassiz retirou-se.

Scudder ficou sentado perante o peixe malcheiroso, contemplou-o, e após um curto espaço de tempo pensou haver visto tudo. Porém o professor não voltou logo. Então ele tomou cuidadosamente o peixe nas mãos, levantou-o e o girou a fim de contemplá-lo de todos os lados. Nesse ínterim ele havia descoberto muita coisa e gostaria de partilhar com Agassiz suas observações. Porém Agassiz não se apresentou.

Por isto Scudder continuou estudando seu objeto morto até que o professor retornou, sentou-se a uma mesa, acendeu um cigarro e pediu ao aluno que lhe fizesse um relato. Scudder narrou com muito orgulho suas descobertas.

Agassiz levantou-se da mesa, foi até a porta e disse apenas: "Pois bem, agora olhe ainda mais atentamente!"

Então Scudder, como ele mesmo escreve, ficou furioso com Agassiz e com o tal peixe. Porém continuou. E, quanto mais contemplava o peixe, tanto mais detalhes lhe chamavam a atenção. Ele estudou a forma e a cor das escamas, a disposição dos dentes e muitos outros aspectos. As horas passaram e ele pôde finalmente descrever o peixe nos mínimos detalhes. Os resultados o deixaram satisfeito e alegraram também o professor.

Agora o aluno queria saber o que deveria fazer. A resposta: continue contemplando seu peixe!

Samuel Scudder submeteu-se. Ficou horas a fio contemplando o peixe morto e descobriu cada vez novas coisas. A aula durou três dias inteiros. "Olhe, olhe, olhe!" – era só isto que Agassiz dizia de tempos em tempos.

Se inicialmente Scudder ainda havia se aborrecido (e detestado o peixe morto malcheiroso), agora ele estava cada vez mais fascinado. Olhando para trás ele escreve que esta foi a melhor aula que já teve. Ele aprendeu a estar atento a uma coisa e descrevê-la com exatidão. E isto do modo mais simples que se pode imaginar, sem quaisquer recursos: "O campo estava delimitado: minhas mãos, meus olhos e o peixe". Entretanto ele havia visto coisas que jamais considerara possíveis.

Louis Agassiz era um mestre da contemplação, mesmo nunca tendo empregado tal conceito. Em sua homenagem, um dos cumes dos Alpes suíços tem seu nome, o Agassizhorn, com 2.946 metros de altitude. Fica ao norte do Finsteraarhorn.

Quando o descobrir, por favor, olhe bem, bem atentamente – e por bastante tempo. O homem dos peixes iria se alegrar.

41 O Lama e a mosca

O capítulo 30 iniciou-se com minha oculista e seu cachorrinho, depois vieram cachorros e lobos, hipopótamos, vacas e excrementos de cavalo, jumentos, patos, pardais e um peixe. Falando-se rigorosamente, tratava-se aqui menos dos animais e muito mais do ser humano no reflexo dos animais. Agora esta pequena excursão ao reino dos animais termina com um inseto, a mosca.

A mosca poderia despertar compaixão em alguém. Quase ninguém gosta dela, e na mitologia ela é associada ao mal, à doença, à morte e ao demônio.

Será que toda a maldade do mundo pode se ocultar em um pequeno inseto preto?

Sim, é minha resposta, quando à noite estou deitado na cama e não posso adormecer porque uma mosca não para de zunir e fazer suas voltas e, vez por outra, se atreve a pousar em minha fonte ou em meu braço. Isto me deixa furioso. Em algum momento eu me levanto e me ponho a caçar a pequena fera que tanto me contraria. Porém o diabo não se deixa apanhar assim tão facilmente.

De dia é um tanto mais simples. Inicialmente eu agito os braços e tento espantar a mosca. Se isto não funcionar, eu apanho o mata-moscas, me aproximo sutilmente, levanto a mão, bato com força e – paf! – lá está deitada no chão a pequena coisa preta, sem se mexer. Uma cena prazerosa, malgrado todo amor pelos animais. O mal está morto.

Então eu me lembro de um velho Lama tibetano que uma vez observei em uma conferência. Enquanto ele falava sereno e concentrado, pousou uma mosca em seu rosto. Ele continuou falando, como se nada houvesse acontecido. A mosca passeava sobre sua face esquerda. Ele a deixava. Ela passeava sobre sua testa. Ele não fazia nada, simplesmente nada. A mosca em sua testa me incomodava, mas a ele não.

"Espante-a", pensava eu.

Porém ele não pensava nisto. Deixava a mosca ali onde ela estava. Ela parecia não o tocar. Ele permanecia atento a si e àquilo que queria dizer. Em algum momento ela foi embora.

Isto é verdadeira serenidade: não se deixar distrair por pequenas contrariedades e, sobretudo, não se deixar desequilibrar. Conservar aquele espaço de liberdade interior que não é afetado por desordens exteriores. Permanecer equilibrado, mesmo quando uma mosca pousa em seu rosto.

O monge eremita Evágrio Pôntico, dos primeiros tempos do cristianismo, afirma expressamente, em suas instruções sobre a oração, que nós não devemos permitir que uma mosca nos prive do mais valioso ganho da oração. E isto certamente não vale apenas para a oração.

Um outro monge eremita, Macário, um dos Padres do Deserto, expunha-se conscientemente às moscas importunas a fim de treinar sua firmeza interior e conservar a serenidade mesmo em meio a tentações exteriores. Ele deve ter ido incrivelmente longe neste aprendizado.

Somente quando uma vez um mosquito o picou, ele perdeu a cabeça e o matou. Porém logo se arrependeu de ter agido por vingança. Fez penitência e viveu seis meses nu nos pântanos do Nilo, onde os mosquitos o picaram tanto, que, após seu retorno, os outros eremitas quase não mais o reconheceram.

Por falar em mosquitos, eles existem em abundância ao redor de nossa casa, que fica no meio rural. Com seus ataques de picadas eles são capazes de estragar as belas noites de verão de qualquer um. Não sei quantos já matei. Fazer penitência por isto não me ocorreria nem em sonho. Mas eu não sou afinal nenhum Macário, muito menos um santo.

Só uma coisa me passa pela cabeça quando contemplo o inseto morto, seja um mosquito, seja uma mosca: que com um golpe eu destruí uma pequena maravilha da natureza. Que riqueza de vida em um ser tão pequeno!

Se não fosse tão fora de propósito em relação à minha luta com o inseto, eu poderia dizer que, em tais momentos, sou possuído por um leve sentimento de veneração. E um leve acanhamento por meu comportamento destrutivo.

Schopenhauer, o amigo dos animais, formulou isto uma vez com muita exatidão: "Qualquer menino besta pode esmagar um besouro, porém todos os professores do mundo não são capazes de produzir um".

A caminho do trabalho

Mestre, como é que eu chego à iluminação?

Pegue a vassoura e varra o pátio!

Zen

O trabalho pertence ao ser humano
como o voar pertence ao pássaro.

Martinho Lutero

42 Aquém do Éden

Quando, de manhã cedo, eu vou para o trabalho, raramente escolho o caminho direto. Faço um desvio. Preciso ter bastante distância a fim de transitar do mundo da vida privada para o mundo da profissão. E tenho de perfazer esta distância o quanto possível a pé. Também adoro ir quase todas as manhãs pelo mesmo caminho. É cada vez diferente.

Com sentimentos diversos eu estou perante a porta de minha empresa, que é trancada eletronicamente e eu posso abrir com um distintivo. Às vezes me alegro quando ela me libera o acesso com um clique; às vezes, não. Porém, no mais das vezes, entro sem pensar muito.

Tem de haver trabalho. E que ele não dá só prazer é indicado já pela palavra, que originariamente significa "grave esforço", "fadiga" e "tormento". Conceitos que lembram a expulsão do paraíso, onde o ser humano é condenado a ganhar seu pão "com o suor de seu rosto".

Porém isto não é o início.

No início da história da criação está o primeiro ser humano, que tem a missão de cultivar e conservar o jardim do Éden. Certamente um trabalho belo e gratificante: o ser humano como colaborador na obra divina da criação. Então se chega a uma ruptura já conhecida, e o trabalho se torna uma maldição.

Entretanto é assegurado ao ser humano um dia semanal de repouso, o sábado, um antegozo do paraíso que dura vinte e quatro horas. E no final de todos os tempos, se diz, ninguém mais terá de trabalhar.

Porém nós não chegamos ainda a tanto.

Nesta terra as coisas são assim: temos de trabalhar, e este trabalho nem sempre é prazeroso. Ele pode também ser cansativo, penoso e monótono, requer muito tempo e espaço. Talvez falte também um reconhecimento pelo trabalho realizado ou o salário seja muito pequeno.

Chama atenção a frequência com que, no uso linguístico cotidiano, o verbo "trabalhar" é ligado com tanta obviedade ao verbo "precisar". Eu *preciso* ir trabalhar. Preciso deixar a correspondência em dia. Eu preciso cuidar da casa.

Quem por acaso diz "eu *posso* trabalhar"?

Acontece que o trabalho é frequentemente as duas coisas: um precisar e um poder ao mesmo tempo. Depende da perspectiva sob a qual é encarado.

Assim como o trabalho pode restringir e constituir um peso para a vida, assim também ele pode dar estrutura, forma e sentido à vida. Ele pode impedir alguém de desenvolver suas possibilidades, mas também pode ser estimulante para o desenvolvimento. Ele é, ao mesmo tempo, peso e chance. E quem não tem trabalho não deseja nada mais ardentemente do que uma tarefa gratificante ou pelo menos um trabalho temporário.

Para os eremitas do deserto, nos primeiros tempos do cristianismo, o trabalho era importante para a sobrevivência, e isto em dois sentidos: de um lado, eles ganhavam o seu sustento; de outro lado, o trabalho os livrava da *acedia*, o mau humor de natureza depressiva que era uma doença muito difundida entre os monges daquele tempo. O trabalho era para eles não apenas um peso, mas também um remédio.

Conta-se que um jovem monge visitou seu velho mestre, que, naquele momento, trançava uma corda, e lhe perguntou: "O que eu preciso fazer para ser salvo?"

Sem desviar o olho do seu trabalho, o velho respondeu: "Você está vendo agora mesmo".

Um velho monge trança uma corda. Só isto? Só isto mesmo? Sim, para este velho, sim. Ele faz o que precisa ser feito. Sereno e circunspecto, uma corda após outra.

E então vem um jovem discípulo e gostaria de ser salvo. Venha pro chão, deve haver pensado o velho, e faça seu trabalho. Basta isto.

Trabalho como meditação: na agitação do moderno mundo do trabalho isto é para muitos antes um sonho que uma realidade. Mas, mesmo em meio ao estresse e sob a pressão dos compromissos – justamente em tais circunstâncias! –, pode servir de modelo o velho monge do deserto que com toda serenidade trança sua corda. Uma atitude serena como essa é um ganho para todos, para quem trabalha e para as empresas.

43 O equilíbrio de Bento

São Bento prescreveu na regra de sua Ordem que os monges e as monjas deveriam trabalhar regularmente. Com isto ele se contrapôs à convicção amplamente difundida em seu tempo segundo a qual a vida espiritual só poderia desenvolver-se no abandono do mundo e na contemplação silenciosa. Não, dizia Bento, a oração precisa do trabalho manual – e vice-versa. As duas coisas estão interligadas e não podem ser separadas uma da outra.

Ora et labora, eis a famosa fórmula beneditina, que provavelmente não remonta ao próprio Bento: *reze e trabalhe*! Ela liga a contemplação à ação e aponta para a necessidade de um equilíbrio entre agir e repousar, fazer e deixar, esforço e descanso.

Isto soa bonito.

Na realidade, este equilíbrio é uma coisa delicada e tende a acontecer raramente. Assim, na Idade Média, deu-se mais valor à vida espiritual e contemplativa dos sacerdotes e religiosos do que ao trabalho corporal dos agricultores e operários. Com o irromper da Modernidade, o peso deslocou-se pouco a pouco para o outro lado: contava sobretudo o trabalho, enquanto a dimensão espiritual e contemplativa passou a segundo plano.

No moderno mundo do trabalho, o ideal beneditino de um equilíbrio entre contemplação e ação perdeu-se totalmente. A sociedade vinte e quatro horas cuida dos negócios o tempo todo e conta com as forças de trabalho flexíveis, permanentemente alcançáveis e empregáveis a qualquer momento.

O credo do ser humano hodierno reza: trabalho, logo existo.

Com isto se tem em mente inicialmente o trabalho que visa o sustento, o qual preenche mais ou menos os dias das pessoas profissionalmente ativas. A isto se acrescenta o trabalho caseiro: cozinhar, limpar, lavar, e tudo aquilo que simplesmente tem de ser feito. De um modo ou de outro, há toda uma indústria do tempo livre (já a palavra revela a realidade) cuidando que nós, também no tempo livre, estejamos permanentemente ocupados. Isto conduz ao fenômeno relativamente novo do estresse do tempo livre, que não é menos nocivo do que o estresse da profissão.

Em longo prazo, isto pode não terminar bem. Quem, o tempo todo, precisa *fazer* alguma coisa para *ser* alguém, perde-se. Quem apenas se define por intermédio do trabalho se consome. Estresse e *burnout* são doenças altamente difundidas que, juntamente com toda a miséria humana, ultimamente têm gerado custos milionários.

A nova palavra mágica dos gerentes para de novo deixar em boa forma as forças de trabalho já esgotadas é *work-life-balance.* Isto lembra o *ora et labora* da tradição beneditina. Mas, enquanto no caso dos beneditinos a oração (*ora*) vem antes do trabalho, agora o trabalho (*work*) está em primeiro lugar. O ponto de partida e de orientação não é mais a reflexão, mas o trabalho. Ele domina, e o pólo oposto, a vida livre, lúdica, vem em segundo lugar.

Na vida profissional e privada é fomentada hoje uma cultura da ocupação frenética. Todos têm muito a fazer ou pelo menos fazem de conta que têm muito a fazer. A agenda cheia demonstra o próprio valor. Quem dispõe de tempo livre em excesso torna-se suspeito.

Se a atividade frenética parar por algum tempo, a gente cai depressa em um vazio. O bem-sucedido autor de livros de espiritualidade,

Henri Nouwen, narra isto: Quando se recolheu por sete meses em um mosteiro trapista para estar em paz, ele se defrontou sobretudo com a intranquilidade: "Eu estava sempre em busca de atividades interessantes, excitantes e divertidas para ocupar meu espírito, para que ele fosse poupado da confrontação com minha nudez, impotência, mortalidade e fraqueza".

Com isto Nouwen menciona também os motivos pelos quais o equilíbrio entre a *vita contemplativa* e a *vita activa* não funciona mais: quem, por acaso, gosta de se deparar com o próprio vazio e a própria vulnerabilidade?

Aqui é certamente mais simples lançar-se novamente na vida ativa.

44 Nômades do mundo do trabalho

Movimento é algo belo, porém, quando é ordenado por quem está em cima e se torna uma obrigação, desaparece a beleza. No mundo do trabalho pode-se bem observar isto. Aí reina uma permanente intranquilidade, e isto chega mesmo a ser bom, na opinião dos gerentes, os quais também nunca podem sentar-se em paz. Assim eles reorganizam permanentemente seus negócios, os empregados são enviados ora para cá ora para lá, e em toda reorganização alguns têm também de ser sacrificados.

Então alguém que, como eu, trabalha há trinta anos na mesma empresa se sente pressionado a se justificar. Quem permanece por muito tempo no mesmo lugar chama a atenção. Empregados modernos são nômades e estão sempre andando por aí. Hoje aqui, amanhã ali, depois de amanhã fora de novo.

"Flexibilização" é a palavra mágica da economia moderna: tudo tem de se mover, mesmo não sendo claro para ninguém em que direção deve ir propriamente o movimento. O sociólogo americano Richard Sennet fala de um "imperativo do movimento". O ser humano tem de ser flexível. Assim ele se torna uma massa de modelar e pode ser transplantado aleatoriamente. Quem garante que ele seja alcançável e esteja disponível em qualquer lugar é sua cadeia eletrônica, o celular.

A flexibilização é como um vírus que infecta sempre mais esferas da vida. Também as relações pessoais são flexibilizadas, o que encurta enormemente sua duração e conduz a um crescente isolamento.

Duração, estabilidade e confiabilidade são valores de ontem. Vínculos e compromissos perdem em significação. Agora reina a ditadura do curto prazo. Tudo é provisório, fugaz e sem lugar.

Esse movimento nervoso para cá e para lá, diz Sennet, vai contra o caráter humano, que tende à confiabilidade e à perspectiva de longo prazo. Fragmenta a vida em partes desconexas. Sob a pressão constante do novo, faltam as grandes linhas e as perspectivas confiáveis para o futuro.

Pode-se viver assim em longo prazo? Pode uma sociedade subsistir assim? Sennet tem dúvida quanto a isto.

Há bons mil e quinhentos anos, no tempo igualmente muito agitado da migração dos povos, Bento postulava o princípio da *stabilitas*, da estabilidade. Ele reconhecia a importância que tem para o ser humano a continuidade de sua história de vida. A *stabilitas*, tal qual prescrita por ele em sua regra monástica, tem em mente inicialmente o permanecer no lugar escolhido. Depois, também a disposição para contrair vínculos e perseverar neles. E finalmente ela deve criar ilhas de serenidade em um mundo atormentado pela agitação e pela pressa.

Bento deseja ter monges com dignidade e firmeza. Seu projeto é de longo prazo, e o fato de os mosteiros até hoje funcionarem segundo sua regra lhe dá razão.

Stabilitas não deve ser confundida com rigidez. Pelo contrário, trata-se, para o pai da vida monástica ocidental, do equilíbrio entre mobilidade e constância. Ele prescreve para os mosteiros um ritmo que une a continuidade à mudança. Só assim puderam os mosteiros subsistir ao longo dos séculos.

Um pouco da estabilidade beneditina faria bem hoje a muitas empresas. Porém a maior parte daqueles que tomam importantes decisões, os gerentes e diretores executivos, preferem ouvir os espertos pregadores das doutrinas salvíficas neoliberais a ouvir um contemplativo do sexto século.

45 Um papa perante o estresse

Imagine que você seja posto de repente no topo de uma empresa global e seja responsável por centenas de filiais com milhares de colaboradores. Provavelmente você consideraria isto uma grande honra – mas também uma sobrecarga.

Isto aconteceu também com aquele monge cisterciense que, surpreendentemente, foi eleito papa no ano 1145. Eugênio III, como ele se chamava enquanto Papa, não se sentia à altura de uma missão tão sublime. Ele voltou-se para seu orientador espiritual, Bernardo de Claraval, e lhe pediu um conselho.

Bernardo respondeu com um escrito longo, de caráter pessoal – *De consideratione: O que um Papa deve tomar em consideração*. São palavras a um amigo que está prestes a se perder no excesso de trabalho.

Bernardo via seu coirmão em perigo. Ele temia que Eugênio pudesse se tornar duro e insensível em virtude dos muitos negócios, e lhe recomendou com veemência dar um passo menor: "É muito mais sensato você se retirar de tempos em tempos de suas ocupações do que elas o arrastarem e pouco a pouco o conduzirem a um ponto ao qual você não quer chegar. Você pergunta a qual ponto? Ao ponto em que o coração endurece".

O coração endurecido era para Bernardo o sintoma de uma "terrível enfermidade". Um ser humano com o coração endurecido está sozinho e não sente nem a si nem aos outros, escreveu ele, e perguntou de modo bem direto ao Papa: "Como pode você ser plena e autenticamente um ser humano, se houver se perdido a si mesmo?"

Bernardo sabia quão interessado estava o Papa Eugênio em cumprir as inúmeras obrigações e expectativas. Ele tinha de se tornar mais claro. As muitas tarefas, aparentemente tão importantes e sagradas, seriam "ocupações malditas", fulminou ele.

Diferentemente dos hipócritas e bajuladores que frequentemente rodeiam os poderosos, ele não tinha medo de falar claramente:

Você está gastando seu tempo, você está se esgotando a si mesmo em uma fadiga sem sentido... Se você pertencer a todos, só não a si mesmo, então suas obras, no futuro, não darão nenhum fruto. Quem convive mal consigo mesmo, a quem poderá fazer bem?

Alguns executivos de hoje fariam bem em ter ao seu lado um amigo como Bernardo para acompanhá-lo e aconselhá-lo. Entretanto, executivos são frequentemente bastante solitários. E que executivo de ponta se atreve a confessar que não se sente à altura de sua tarefa?

Finalmente, Bernardo fez algo que ofenderia profundamente qualquer gerente de ponta (e provavelmente também afetou Eugênio III): ele se recusa a aplaudir o Papa estressado: "Se você aplicar sua vida inteira em atividades e não previr mais nenhum espaço para a reflexão, como devo eu então louvá-lo? Nisto eu não o louvo".

Na condição de superior da abadia cisterciense de Claraval, Bernardo era ele mesmo um homem muito ocupado. Ele sabia o que estava em jogo. Por isto ele exortava seu amigo com tanta veemência a não se deixar devorar pelos muitos trabalhos, mas sim dedicar bastante atenção à paz interior. "Seja benevolente consigo mesmo! Cuide de si mesmo assim como cuida de todos os outros, mesmo que seja depois de cuidar de todos os outros."

Não se sabe como o Papa Eugênio acolheu escrito de Claraval. Provavelmente teve apenas pouco tempo livre para refletir sobre ele.

Seu pontificado aconteceu em um tempo de extrema inquietação; ele teve de fugir várias vezes de Roma e morreu no exílio, oito anos após sua eleição.

Desde então, passaram-se quase mil anos. O estresse tornou-se um fenômeno de massas. As considerações de Bernardo são mais atuais que nunca. E há muito não afetam mais apenas o Papa.

46 Meu mestre

Em meu local de trabalho, meu mestre me aguarda. Eu não tenho outra saída: quando quero fazer algo, sou forçado a discutir com ele. Acontece que nossa relação não é nada simples. Frequentemente nós nos agredimos. Porém bons mestres não poupam seus discípulos. E bons discípulos não fogem. Além disso, ultimamente eu não posso mais passar sem ele.

É comum sentarmo-nos juntos em silêncio. Após alguns minutos ele me lança então sempre a mesma pergunta: *Where do you want to go today?* Meu mestre fala inglês e alemão cada vez conforme a conveniência. Eu não sei por que ele sempre me pergunta isto: aonde você quer ir hoje? Porém a pergunta implica em saber o que eu estou buscando e o que é importante para mim.

Quanto mais reflito sobre isto, tanto menos sei. Até que no final eu não sei mais nada além de que agora, neste momento, estou aqui, neste lugar. Provavelmente meu mestre quer causar justamente isto.

Há tempos em que as coisas caminham muito bem entre nós: sigo suas orientações e ele faz o que eu espero dele. Porém excesso de harmonia dá sono, quando de fato o aluno deve despertar. Assim pode acontecer que o mestre inesperadamente lance um ataque. Ele ralha comigo dizendo que eu cometi um grave erro e deveria mais uma vez começar do nada.

Que erro?

Em vez de dar uma explicação, o mestre muda para uma linguagem que me parece confusa e que eu não entendo.

Com isto ele pode me deixar zangado. Eu fico furioso e grito com ele: eu não quero ter mais nada, mais nada a ver com você! Enquanto eu o xingo duramente, ele fica estranhamente sereno. Isto parece não o abalar. O que é pior: ele é totalmente indiferente ao meu protesto.

Agora mesmo eu estou saindo de uma discussão dessas. Ele queria saber meu nome, o qual ele naturalmente já conhece há muito tempo. Eu respondi assim mesmo. Porém ele retrucou friamente: errado! Por umas duas vezes nós nos debatemos, ele perguntando e rejeitando de imediato minha resposta. Era de enlouquecer.

Porém de repente eu percebi o que estava em questão. A solução estava bem visível perante mim, só que eu não havia jamais olhado direito. Como é que eu pude ser tão cego? A toda pressa eu passei a informação ao mestre. E desta vez ele aceitou minha resposta.

Meu mestre é pequeno e preto. Ele tem um nome inglês – *TravelMate*. Traduzido: companheiro de viagem. E ele me aguarda na minha escrivaninha.

Meu computador é meu mestre. E a tela me lança a pergunta eternamente igual: "*Where do you want to go today?*"

As instruções de meu mestre chegam às vezes aos limites do suportável. Uma vez ele me fez chicana até eu não poder senão apagar tudo, mas *tudo* mesmo, que eu havia elaborado. Perfidamente ele me perguntou ainda antes da grande destruição: "Quer mesmo?"

Não havia escolha. Eu tinha de querer.

Eu apertei a tecla.

E tudo se foi. Foi embora, simplesmente. Restou uma superfície grande, branca, vazia. E eu tive de começar do nada.

Totalmente do nada.

Largar, largar, sussurrava o mestre com um sorriso maroto: largar sempre de novo e recomeçar.

Nesse momento eu o odiei.

Como disse, vez por outra nossa relação é um tanto tensa. Mas, desde que descobri que meu computador é meu mestre, eu suporto um tanto melhor suas chicanas.

47 Passeando pela casa com Franz Fridolin

Ah, o trabalho caseiro! Ele nunca termina. Sempre há algo a fazer. E a alegria do resultado dura pouco cada vez. Mal a gente termina de cozinhar, já tem de lavar as vasilhas. Mal a gente acaba de passar a calça, ela está de novo amassada. Mal a casa está limpa, já se encontra de novo poeira por toda parte.

Mas eu gostaria de falar sobre Franz Fridolin. Hoje eu o levei a passear. Franz Fridolin é pequeno, não é belo e um tanto arredondado. Ele não tem quaisquer exigências especiais e faz o que a gente lhe diz. Mas o que me incomoda é o volume de sua voz. Ele faz barulho em excesso. Ele grita como bem quer, e isto enerva. Franz Fridolin é nosso aspirador de pó.

Aspirar pó não é realmente uma de nossas ocupações prediletas. Mas há trabalhos que simplesmente têm de ser feitos, agradem ou não. No zen a distinção entre trabalhos agradáveis e trabalhos desagradáveis vale como expressão de um espírito pequeno, não livre. Por isto os praticantes do zen são obrigados a fazer o trabalho caseiro mais simples, e também um abade limpa o banheiro. Tais trabalhos devem ajudar a gente a esvaziar o espírito e sentir uma alegria originária no fazer modesto.

Eu fiquei por muito tempo realmente em pé de guerra com o aspirador de pó. Eu xingava com ele e sua gritaria, ele se vingava e começava a fazer greve. Ou eu lhe dava um pontapé, o que o fazia virar e não dar mais nenhum sinal de si.

Mas agora isto é passado.

Com efeito, uma conhecida me aconselhou a dar um nome à máquina nada querida, o que iria melhorar duradouramente nossa tensa relação. À minha mulher ocorreu espontaneamente o nome Franz, a mim ocorreu o nome Fridolin, e desde então o negócio barulhento se chama Franz Fridolin.

E, mesmo que vocês não acreditem, faz de fato diferença se eu ando pelo meio da casa com um aspirador de pó comum ou com Franz Fridolin. Com Franz Fridolin eu convivo mais cuidadosamente. Eu o conduzo prudentemente pelos vários pisos e pelos cantos da casa. Quase não brigo com ele e já não lhe dou pontapés. Pelo contrário, eu lhe sou grato por ele devorar por mim o pó e a sujeira. Às vezes eu até mesmo o cumprimento quando o tiro do armário.

Desde que o aspirador de pó se chama Franz Fridolin eu consigo, de vez em quando, pôr em prática concretamente o que Bento prescreve em sua regra ao administrador de um mosteiro: "Que ele trate todos os utensílios como um utensílio sagrado do altar".

Bento está convencido de que o trato grosseiro com as coisas não conduz a nenhum bom resultado. E que a devoção não começa só na Igreja, mas já no armazém onde se guardam os utensílios. O trato com um utensílio bastante comum não merece menos atenção do que o serviço no altar.

Entretanto, quando eu penso em Franz Fridolin, esse pensamento quase me obriga a rir. Com efeito, meu companheiro não tem nada de sagrado em si. Pelo contrário, em seu modo barulhento de ser, ele aparece antes como um tanto ordinário. Mas o que o torna sagrado não é aliás ele mesmo, e sim meu trato com ele. Se eu o odiar e combater, nada bom pode resultar disto.

Trabalho caseiro é, segundo Bento, um elemento constitutivo da vida contemplativa. "Ninguém está dispensado do serviço na Igreja – escreve ele em sua regra – pois esse serviço aumenta o amor". Por que não deve isto valer também para o trabalho de aspirar o pó?

O modo beneditino de se lançar a um trabalho é a *hilaritas*, a "alegre serenidade". Ela tira dos trabalhos cansativos e monótonos exatamente sua gravidade opressiva. Ela elimina as resistências contra as tarefas desagradáveis, ajuda a permanecer no fluxo com as coisas, em vez de lutar contra elas.

Assim é que eu ando pelo meio da casa com Franz Fridolin, deixo-o gritar e me exercito em uma alegre serenidade. Talvez chegue de repente o momento em que esse trabalho passe mesmo a me dar prazer. Mas eu não sei se Franz Fridolin ainda chega a isto. Ele já está velho e se mostra fraco; ele se faz suspeito ao tossir e ficar rouco. Certamente ele vai faltar um dia.

48 O artesão teológico

Um dos meus professores mais importantes em questões ligadas ao trabalho é o teólogo e escritor Jörg Zink. É certo que eu não li dele nada a respeito deste tema e também não sei se, em algumas de suas muitas publicações, ele se expressou a este respeito. Mas eu o *vi* trabalhando. Não em seu gabinete, mas na oficina.

Entretanto, primeiramente nós estávamos sentados no gabinete e esboçávamos uma conversa radiofônica sobre o tema mística. O gabinete estava situado no porão de sua residência unifamiliar na periferia de Stuttgart. Parecia uma grande gruta. Nas paredes havia livros por toda parte. Por uma pequena janela entrava um pouco de luz na clausura sombria.

Quando havíamos concluído a entrevista, Zink me conduziu a um espaço ao lado. Havia um cheiro de madeira fresca. No espaço sem janela, o teólogo havia construído para si uma pequena marcenaria. Explicou-me que, quando estava cansado de escrever e meditar, ia para o banco para trabalhar manualmente por algumas horas. Assim ele reencontrava o equilíbrio.

O teólogo como artesão, ou o artesão teológico, assim é que Jörg Zink se caracterizava a si mesmo: "Eu sempre me senti um artesão e no fundo entendi também o trabalho teológico antes como artesanato que como ciência".

E em que consiste a diferença?

"Artesanato significa que também as pessoas mais simples podem colaborar. Não é qualquer um que pode fazer ciência ou arte, porém qualquer um que se esforce um pouco pode fazer artesanato."

O que Zink não disse, porém me passou pela cabeça: Já o filho do carpinteiro de Nazaré era artesão. E parecia uma pequena revolução que esse simples artesão convivesse com uma multidão de pescadores e trabalhadores e anunciasse o irromper de uma nova era. Com efeito, quem, naquele tempo, valia alguma coisa não trabalhava, mas, mandava que outros trabalhassem para ele.

Bem diferentes eram as pessoas ligadas a Jesus nos primeiros séculos. Para eles o trabalho era uma necessidade como qualquer outra, mas também um exercício no caminho interior. Eles não conheciam quaisquer técnicas especiais de meditação e exercícios de oração; eles trabalhavam. Acontece que, enquanto o trabalho era executado, eles punham um peso maior sobre o espírito do que sobre o resultado ou o lucro.

Mas, retornemos à oficina do artesão teológico: Jörg Zink começou a trabalhar com suas mãos finas uma tora bruta de faia.

> Dá-me prazer – explicou ele – quando eu tenho uma prancha bruta que talvez provenha de algum quintal sujo e lhe dou uma forma, a modelo e a insiro em uma obra – então isto é simplesmente belo! Artesanato consiste em que eu produzo a partir de uma matéria existente algo útil e belo.

E o artesanato teológico?

"Na teologia nós tomamos a Bíblia e a própria experiência e formamos princípios dos quais as pessoas possam viver."

No canto estava um banco de jardim recém-construído. Uma peça sólida, decorada com dois pássaros talhados na madeira. Um presente para um conhecido. Ele havia trabalhado nesta obra cerca de cem horas, explicou Zink, e acrescentou logo a seguir: "O tempo não tem importância. Este banco eu fiz para um amigo. Por que eu não deveria trabalhar cem horas nele?"

Por um momento vieram-me ao sentido os muitos trabalhos dos quais eu não gosto, pois ou duram muito tempo ou não dão nenhum resultado; as resistências que eu tenho contra tais trabalhos e as lutas que eu travo comigo mesmo.

Eu não sei mais exatamente tudo o que conversei na entrevista com Jörg Zink. Mas lembro-me como esse artesão trabalha como marceneiro sem se preocupar com o tempo e o lucro. De modo abnegado, de modo simplesmente abnegado; pelo próprio prazer – e porque quer dar alegria a uma outra pessoa.

49 Concentração e contemplação

Vai apenas um pequeno passo da marcenaria de Jörg Zink até o escultor Qing do qual fala o sábio chinês Chuang Tzu. Certamente há, entre um e outro, muitos séculos e milhares de quilômetros, porém se trata, em ambos os casos, de uma mesma experiência: um pedaço de matéria é modelado, e não enquanto lhe é imposta uma ideia humana, mas enquanto o ser humano executa o que já se encontra como tendência na matéria. Trata-se de um trabalhar no fluxo da totalidade.

Qing esculpia em madeira nobre, por encomenda do príncipe de Lu, um suporte para um sino. Ele trabalhava devagar e refletidamente. O suporte tornou-se uma verdadeira obra de arte. Era tão extraordinariamente belo, que as pessoas levantavam a suspeita de que espíritos pudessem estar em jogo aí.

Qing ria: "Eu sou apenas um simples artesão e não tenho quaisquer mistérios".

Quando ninguém queria acreditar nisto, Qing começou a explicar: "Depois que recebi a incumbência de esculpir em madeira um suporte para um sino, eu não comecei de imediato o trabalho. Pelo contrário, de início eu não fiz nada. Eu me retirei e jejuei para ficar em repouso".

No início de seu trabalho está o repouso. Isto se contrapõe à moral corrente do trabalho, a qual entende o repouso como recompensa após o trabalho já feito. Mas Qing não queria se deixar oprimir pelo trabalho. Ele queria apenas trabalhar tão bem quanto isto fosse possível. E sabia como deveria providenciar isto.

> Após três dias de solidão e jejum eu havia esquecido lucro e sucesso – relatou Qing. Após cinco dias eu havia esquecido louvor e censura. Após sete dias havia desaparecido qualquer pensamento a respeito daquele me deu a incumbência. Tudo o que podia me desviar do trabalho havia se diluído. Eu tinha agora apenas um único pensamento: o suporte para o sino.

Apenas *um* pensamento!

Quando me observo trabalhando, constato que inúmeros pensamentos a respeito da obra de minhas mãos e de meu espírito dançam ao meu redor. Vai dar certo? E, se não der certo? O que eu vou ganhar com isto? O que os outros vão dizer? Será que estou mesmo apto para este trabalho? Ou vou ficar aí como um fracassado? Todos estes pensamentos não são úteis ao trabalho. Eles freiam a criatividade e enfraquecem a confiança no próprio poder.

Apenas *um* pensamento: o suporte para o sino.

Qing foi à floresta para buscar a madeira apropriada. Mas para isto ele se deu tempo. Contemplou diferentes árvores até ver a que fosse apropriada para esse trabalho. *Esta* árvore. Qing sabia: é esta e nenhuma outra.

O resto veio como que por si mesmo. "Eu não precisava fazer mais nada senão estender a mão e começar", explicava Qing. "Se eu não houvesse me deparado com essa árvore, então não haveria nenhum suporte para o sino."

O suporte para o sino já estava de certo modo contido na árvore. Qing só teve de extraí-lo. Ele se deixou conduzir pela árvore. O trabalho como que caminhou por si mesmo. Qing não queria nada. Ele fazia o que deveria ser feito. Não havia mais qualquer impedimento. Ele tornou-se um instrumento e soube deixar acontecer. Assim fez surgir uma verdadeira maestria.

Hoje quase ninguém ainda sabe trabalhar tão serenamente quanto esse escultor na antiga China. Porém há sonhos que têm de ser defendidos contra a força do fático. Em longo prazo também compensa o modo mais sereno de proceder, como o sabem empresários de visão ampla. Quem trabalha sob estresse consome desnecessariamente muita energia, comete erros e eventualmente produz também um funcionamento no vazio. Um vestígio da atitude contemplativa de Qing apenas pode fazer bem às pessoas e a seu trabalho.

50 Papéis coláveis no coro da igreja

O bom trabalho contém sempre um elemento criativo. Mas a criatividade tem algo de próprio: ela não se deixa organizar e planejar em planilhas do Excel. Pelo contrário: planos, ordens e estruturas a afugentam. Sob pressão ela se recolhe, para, de repente, emergir de novo em um lugar totalmente diferente.

Isto se mostra de modo impressionante na história dos papeizinhos luminosos coloridos que são pregados por toda parte como ajuda para a memória: *post-it* é uma das mais importantes invenções do século passado, e não dá mais para se imaginar o dia a dia sem ele. Entretanto ninguém tinha a intenção de inventar tais papéis coláveis. São mero produto residual. E também a sorte ajudou um pouco posteriormente, como acontece tão frequentemente no caso das grandes invenções.

Em 1968, um pesquisador da 3M®, Spencer Silver, trabalhava experimentalmente em uma supercola que fosse mais forte do que todas as outras colas. Porém o trabalho não queria dar certo. Surgiu apenas uma massa pegajosa para a qual ninguém tinha um emprego, pois os objetos colados por meio dela logo se soltavam uns dos outros. Os trabalhos foram suspensos. A nova cola caiu no esquecimento.

Seis anos mais tarde a história sofreu uma virada inesperada.

Art Fry, outro pesquisador da 3M®, cantava no tempo livre no coral da igreja de sua comunidade presbiteriana. Aí o irritava o fato de as marcas que ele punha no livro de cantos caírem constantemente e ele não mais poder encontrar os cantos que estavam justamente sendo executados. Então ele se lembrou da invenção de seu colega, apanhou um pouco dessa cola do laboratório, passou nos papeizinhos e os pregou em seu livro de cantos. Domingo, na Igreja, veio a prova decisiva – e de fato a coisa funcionou. Ele encontrava sempre a página certa e não perdia nenhuma de suas entradas. Especialmente prático era o fato de os papéis poderem ser de novo tirados após o culto sem deixarem vestígios no livro.

O que funciona na Igreja pode também ser útil alhures – disto Art Fry estava convencido. Assim ele começou a levar adiante a experimentação com a cola e testar novas possibilidades de emprego. Porém mais uma vez a coisa não caminhou bem. O chefe da empresa 3M® zombava do "pedaço de papel pegajoso" e não acreditava que se pudesse negociar com isto.

Como nós sabemos, o resultado foi diferente. E também desta vez o acaso colaborou.

Uma vez que não é já um grande negócio, pensou Fry, então o papel colável deve pelo menos facilitar um pouco o meu dia a dia no escritório. No intercâmbio de documentos com o chefe do departamento ele começou a escrever suas observações em um papel colável e pregá-lo nos documentos. O chefe respondia cada vez no mesmo papel, e assim surgiu uma nova espécie de comunicação. Em uma pausa para o café ocorreu a ambos a ideia de que esse papel de anotações autocolável pudesse ser comercializado.

Com isto começou a fenomenal história de sucesso do *post-it*. Ultimamente se encontram os papeizinhos em quase todas as cores e formas. Ao redor de todo o globo terrestre se prega papel. Postos em uma série, os papéis *post-it* produzidos anualmente dariam uma cadeia de aproximadamente dez milhões de quilômetros. Com isto a

Terra poderia ser coberta com papéis coláveis duzentas e cinquenta vezes.

Nem Spencer Silver nem Art Fry pretendiam produzir um papel colável. Eles estavam experimentando, jogavam com possibilidades e foram finalmente favorecidos pelo acaso.

Mas, o que é o acaso? Algo que nos ocorre. Simplesmente assim, sem que nós façamos por onde. Neste caso, um presente. No entanto, ambos os pesquisadores haviam trabalhado previamente. Eles haviam aberto uma porta ao acaso e estavam disponíveis quando ele se anunciou. Teólogos falam, neste acaso, da conjugação do esforço próprio com a graça. E o famoso descobridor Louis Pasteur diz: "O acaso favorece apenas um espírito preparado".

Uma frase que, aliás, fica bem em um papel *post-it*.

51 Louvor à inutilidade

A firma 3M® tirou uma consequência importante das experiências com *post-it*: ela permite a seus colaboradores dedicarem 15 por cento do tempo de trabalho com pesquisas, sem terem de prestar contas por isto. Neste tempo livre podem ser testadas ludicamente novas possibilidades, sem que um resultado tangível tenha de ser apresentado.

Quem teria imaginado que algo inútil como uma cola que não adere direito pudesse um dia tornar-se um produto extremamente bem-sucedido? Ninguém. Assim aconteceu.

Com outras palavras: quem quiser inventar algo útil não pode se permitir ter medo do inútil.

Hoje reina por toda parte um pensamento trivialmente voltado para a utilidade. Ele se estende a quase todos os âmbitos da vida e examina cada coisa e cada situação no sentido de saber se também ela "traz" ou não algum resultado. Tudo é friamente calculado. Com isto as coisas perdem sua beleza e sua poesia. Onde tudo tem de ser útil, quase não resta mais espaço para fantasia e criatividade.

Por isto, um louvor à inutilidade!

Ela dá testemunho da riqueza e da profusão da vida. Ela convida a brincar abnegadamente, a demorar-se sem finalidade e sem meta. Em uma sociedade na qual tudo tem de ser tão terrivelmente útil, ela pura e simplesmente faz bem. Ela abre um espaço de liberdade.

Quando o sábio chinês Lao Tsé e alguns discípulos caminhavam por uma floresta, depararam-se com um grupo de lenhadores, centenas de árvores haviam sido derrubadas. Com a madeira deveria ser construído um grande palácio.

Somente uma árvore velha, poderosa, permaneceu sozinha na paisagem desertificada da floresta. Os discípulos queriam saber por que esta árvore não havia sido derrubada.

Os lenhadores responderam: "Esta árvore é inútil. Ela tem galhos e nós em demasia. Não dá boas traves. Sua madeira é demasiadamente velha e seca e não serve sequer para lenha, pois causaria muita fumaça. Assim nós a deixamos de pé".

Lao Tsé estava ao lado e disse então para seus discípulos: "Façam como esta árvore: sejam inúteis, absolutamente inúteis, assim ninguém lhes quererá fazer algo e vocês crescerão e envelhecerão".

Por mais bela que seja esta parábola, ela tem um defeito: a árvore cheia de nós, inútil, apenas é poupada porque há suficientes árvores úteis. Sua inutilidade é, vista assim, um privilégio. E se todas as pessoas fossem "absolutamente inúteis", como diz Lao Tsé, então a humanidade se extinguiria rapidamente.

Porém não é isto que se tem em mente. Como sói acontecer no caso das parábolas, aqui é caricaturada uma situação para se trazer ao ponto o que se quer afirmar: quem orienta sua vida apenas pelo critério da utilidade vive às avessas.

O valor de um ser humano não consiste apenas no que ele realiza. Certamente toda pessoa quer ser útil. Isto é natural, e a convivência social se organiza também sobre esta base. Porém o que distingue o ser humano vai além da utilidade. São justamente também os lados "inúteis" que constituem sua beleza: sua cordialidade, sua capacidade de sonhar, de brincar e de doar-se.

Há uma questão simples para nos testarmos: quais foram, nas semanas, nos meses e nos anos passados, meus momentos mais felizes?

Não foram os momentos nos quais eu mais trabalhei. Nem os momentos nos quais eu fui especialmente útil segundo os critérios desta sociedade. Foram, antes, momentos nos quais eu me dediquei com atenção e amor a uma pessoa ou a uma causa sem estar atento ao que daí resulta. Isto podia, em cada caso, até ter sido útil, porém não tinha de sê-lo e também nem sempre o foi.

A contemplação de uma flor será útil? Uma peça musical ou uma poesia serão úteis? O amor será útil? Ninguém lança tais questões, pois muito do que é realmente belo e essencial não pode ser calculado quanto à sua utilidade.

A árvore cheia de nós e velha que está sozinha de pé na floresta desmatada dá, talvez, uma imagem um tanto triste. Porém quem escapa à pressão da utilidade e ousa a aventura da inutilidade não pode se permitir ter medo de estar por aí sozinho.

52 *Karma yoga*

Quando eu frequentei um curso em um centro neo-hinduísta belamente situado no planalto de Berna, estavam no programa diariamente duas horas de *karma yoga*. Nada mal, pensei eu, pois um pouco de *yoga* certamente não pode me fazer mal.

O *karma yoga* consistiu, no primeiro dia, em dobrar e envelopar cartas circulares. No segundo dia eu tive de fazer montes de lenha. No terceiro dia, arrumar a cozinha.

Yoga? Na tradição hindu não é este o grande caminho de libertação interior?

Entretanto eu fui ocupado com coisas bem banais. Eu estava decepcionado, e fiz meu trabalho bastante negligentemente.

Mas, conforme nos foi ensinado, aquilo *era yoga*: *Karma yoga* vale na Índia como uma importante disciplina espiritual. Esta consiste em fazer um trabalho com toda atenção, força e amor – sem levantar a pretensão aos frutos do trabalho. *Karma yoga*, o caminho do agir, é o aprender um agir abnegado. A gente faz o que tem de ser feito. Só isto.

É menos espetacular, e não promete quaisquer vivências de culminâncias espirituais. Envelopar cartas circulares nem é exigente nem é inspirador. Mas tem de ser feito. Decisivo não é o trabalho em si, mas minha atitude face a esse trabalho.

Isto foi se tornando claro pouco a pouco no decorrer do curso. Apesar disso, eu permaneci um *karma yogi* medíocre.

No *Bhagavad Gita*, o antigo escrito sapiencial, onde a filosofia hindu é desenvolvida, consta o seguinte: "Ninguém se torna perfeito renunciando ao trabalho".

Lida inversamente, esta frase expressa uma apreciação altamente positiva do trabalho: O trabalho pode ser um caminho em direção à perfeição. Mesmo que jamais a alcancemos, mesmo que jamais possamos alcançá-la – e mesmo que também não tenhamos de alcançá-la –, no *karma yoga* não está em primeiro plano o objetivo, mas o passo que agora, neste momento, deve ser dado. Dá-lo com toda dedicação e atenção, eis o grande desafio; o resultado, porém, passa a segundo plano (embora naturalmente também não seja totalmente sem importância).

Engana-se, portanto, quem pensa que o trabalho, frequentemente enfadonho ou fatigante, impediria sua caminhada interior. Toda ação pode tornar-se um exercício interior, se aí forem preenchidos dois requisitos: a *dedicação* ao trabalho e a *libertação* da fixação no resultado. Se eu trabalhar descuidadamente e quiser terminar já antes de haver começado, isto certamente não é nenhum *karma yoga*. Mas, se eu me deixar envolver sem me preocupar muito com o êxito e a recompensa, então estou no caminho certo.

O *Bhagavad Gita* diz isto do seguinte modo: "Você é responsável apenas pelo fazer, nunca porém pelos frutos do agir. Seu motivo nunca deve ser o fruto do agir".

Naturalmente eu tenho de saber o que produzo com meu trabalho, tenho de estabelecer prioridades e tomar decisões. Mas então a coisa avança passo a passo. O objetivo pode estar bem longe, e não é certo se eu o alcanço. Isto não deprime o *karma yogi*: ele não se preocupa com os muitos trabalhos a serem feitos, mas apenas com *este* trabalho que *agora* tem de ser feito. Ele tem a tarefa de fazer este trabalho tão bem quanto for possível. Por este meio, ele, segundo a filosofia do *yoga*, assume seu lugar na totalidade do mundo e tem parte no processo divino da criação.

Neste ponto, o Ocidente cristão pensa de modo semelhante. São Bento e Martinho Lutero entendem o trabalho como serviço a Deus: todo ser humano é *chamado* por Deus para colaborar em sua obra. Porém no caso de João Calvino, contemporâneo de Lutero, torna-se clara uma diferença decisiva em relação à filosofia hindu: Com efeito, segundo Calvino o êxito é um indício importante para sabermos se alguém pertence ou não aos eleitos de Deus. Portanto, a pessoa tem de se entregar intensamente à causa para ter êxito e evidenciar sua eleição.

Karma yoga diz porém: Não se preocupe com o êxito! Ele não tem nenhuma importância. O *yogi* não deve estar orgulhoso quando seu trabalho dá certo. E não deve censurar-se quando fracassa. Pelo contrário, ele, como diz o *Bhagavad Gita*, deve "conservar serenidade no êxito e no fracasso".

Essa serenidade requer exercício. E esse exercício começa em coisas assim tão simples quanto envelopar cartas circulares ou esfregar o chão da cozinha.

53 Rossini dorme

É belo quando um trabalho é coroado de êxito. Porém, na maioria das vezes, o êxito é passageiro. Ele vem e logo de novo se dilui. Os bem-sucedidos de hoje, amanhã já estarão esquecidos. O que tranquiliza é que o mesmo também vale para o fracasso: também ele é passageiro e fugidio. A arte do equilíbrio consiste em não se deixar requisitar totalmente por nenhum dos dois. Apenas nessa liberdade é possível sentir alegria no trabalho.

O compositor Gioacchino Rossini deu o exemplo. Ele escreveu no inverno de 1816 a alegre ópera *O barbeiro de Sevilha*. A primeira apresentação deu-se no Teatro di Torre Argentina, em Roma.

Foi um grande fracasso.

Quase tudo deu errado, catastroficamente errado.

Na sala, partidários de Paesiello, adversário de Rossini, gritaram durante toda a apresentação. Aos cantores nervosos aconteceu um infortúnio depois do outro. Uma guitarra estava desafinada. O público vaiava ininterruptamente. Quando um cantor caiu no chão de corpo inteiro e quebrou o nariz a ponto de sangrar, a casa inteira ria a toda altura. Em meio à parte final até mesmo um gato subiu às tontas no palco.

Puro caos.

Porém uma pessoa manteve a calma: o Maestro Gioacchino Rossini. Apenas com esforço a apresentação pôde chegar ao fim. Quando finalmente a cortina caiu, os espectadores ainda ficaram por longo tempo gritando e fazendo desordem.

E Rossini?

Ele havia desaparecido.

Todos se preocuparam com ele. A atriz principal, ela mesma totalmente abatida, encontrou o compositor em casa, na cama. "Ele havia deixado o teatro como se fora um espectador indiferente. Eu fui atrás dele para consolá-lo. Mas isto não foi de maneira nenhuma necessário; ele dormia já tranquila e firmemente."

Mais tarde Rossini explicou que, após a malsucedida primeira apresentação, ele havia se perguntado se *O barbeiro* não estava ainda suficientemente bom, porém estava muito cansado e preferiu ir primeiramente para a cama para descansar.

O homem tem nervos!

Perante a mínima observação crítica eu já saio do equilíbrio e fico até tarde da noite refletindo o que será que fiz de errado e o que poderia não estar certo em mim. Rossini, porém, deita-se para dormir, como se nada houvesse acontecido! Serenidade na sua mais pura forma.

Será que ele pressentia quão rapidamente a folha pode virar? Hoje vaias, amanhã aplauso.

Ou inversamente.

Em todo caso, *O barbeiro*, apesar da estreia malsucedida, tornou-se um sucesso mundial. O mesmo público que havia vaiado estava entusiasmado. E o festejado compositor escreveu uma ópera depois da outra.

No auge de sua carreira, ele parou de repente. Os motivos são desconhecidos. Talvez ele houvesse se cansado da pressão de tempo que a composição de óperas impõe, talvez também não lhe ocorresse mais nenhuma ideia, e provavelmente ele não precisava mais do aplauso do público.

Em vez disso, ele passeava muito.

Ele gostava de passear pelos mercados, fazia boas compras e à noite gostava de convidar hóspedes para a refeição. Não é certo se ele mesmo cozinhava. Em todo caso, ele sabia muito bem gozar a vida e apreciava pratos finos e guloseimas. Para os *gourmets* ainda hoje ele é uma referência: o *Tournedos Rossini* encontra-se em quase todo bom restaurante.

Mas, como dizia o maestro: "Comer e amar, cantar e digerir são, no sentido mais verdadeiro da palavra, os quatro atos da *opera buffa* que a gente geralmente chama a vida".

Saúde!

Em um trem a caminho do conhecimento

Nós entramos nos mesmos rios e, no entanto,
não o fazemos. Não se entra duas vezes
no mesmo rio. Tudo flui, nada repousa.
Tudo passa, nada perdura.

Heráclito

54 O tempo torna-se longo

Eu estou de pé na plataforma ao ar livre. Um vento gelado apita nos meus ouvidos. Estou congelando.

Culpa minha: Por que tenho sempre de estar tão cedo na estação? Regularmente eu me proponho ser pontual – e estou sempre bastante adiantado por medo de perder o trem.

Assim, eu estou de pé e olho para o relógio que avança com extrema lentidão.

O tempo se dilata.

Impacientemente eu passo de uma perna para a outra. Proíbo-me fixar o olhar sobre o relógio da estação, e desvio o olhar na esperança de que os ponteiros possam avançar um pouco mais depressa. Entretanto, no próximo olhar eu constato, decepcionado, que apenas pouca coisa aconteceu. Tenho de continuar esperando e congelando.

Faltam ainda oito minutos.

Que são oito minutos? Uma unidade de medida criada pelo ser humano. Parte de um sistema que deve servir para se ter controle sobre um fenômeno dificilmente apreensível: o tempo.

"Que é o tempo?", perguntava Agostinho, o grande filósofo e mestre da Igreja da Antiguidade. Sua resposta: "Se ninguém me perguntar, eu o sei. Mas se alguém me perguntar e eu o quiser explicar, não o sei".

O tempo é mistério.

Isto não mudou fundamentalmente nos mil e seiscentos anos após Agostinho. Ultimamente, nós podemos dividir o tempo em unidades cada vez menores, em milésimos de segundos, em microssegundos, em nanossegundos e pico-segundos. E, teoricamente, poder-se-ia levar a divisão ao infinito, até que nada mais exista. Porém o mistério permanece.

Eu aguardo.

Faltam ainda seis minutos. Eu tenho tempo e não sei o que fazer com ele. Seis minutos de tempo de vida que eu desejo que passem. Paradoxo: Eu gostaria de encurtar o tempo – ao mesmo tempo, porém, eu gostaria de viver tão longamente quanto possível. Manifestamente eu mesmo não sei direito o que quero.

Já é algo estranho: A gente espera constantemente por uma coisa qualquer, entedia-se com isto, mata o tempo com toda espécie de besteira – e constata no final que o esperado ou não aconteceu ou não correspondeu às expectativas. Esperar pode ser um truque para fugir da vida.

Eu estou de pé na plataforma e estou congelando.

Faltam ainda quatro minutos.

A proverbial pontualidade dos relógios suíços é, segundo os conhecimentos de um teólogo francês, uma consequência do calvinismo. Calvino haveria admoestado os fiéis sempre de novo no sentido de tomarem consciência de cada minuto. O reformador genebrino atribuíra com isso uma grande importância ao minuto, o qual até então quase não entrava em consideração.

Vem uma declaração através do alto-falante: "... mais ou menos seis minutos de atraso". Eu me irrito. E continuo esperando. Minuto a minuto. Apesar de Calvino, eu não consigo realmente apreciar esses minutos.

Não é estranho que no final de um processo evolutivo de quatorze bilhões de anos exista alguém que se aflige por causa de alguns minutos?

Ao me irritar, eu estou atribuindo a esses minutos uma demasiada importância. E eu não lhes atribuo a devida importância ao gastá-los ociosamente. Um minuto é um minuto, é um minuto. Cada minuto é precioso e singular. Mas não é motivo para irritação.

Eu aguardo. O ponteiro dos segundos do grande relógio da estação move-se uniformemente.

Não podia ir um pouco mais depressa?

Naturalmente, não. Ou será que sim?

Desde a teoria einsteiniana da relatividade nós sabemos que o tempo não é de maneira nenhuma assim tão imutável quanto parece. Ele é relativo ao movimento e pode ser acelerado ou retardado. Quanto mais rapidamente a gente se move, tanto mais devagar ele passa. Se um trem pudesse correr na velocidade da luz, os relógios correriam sete vezes mais devagar. E durante uma tal viagem eu haveria envelhecido sete vezes menos rapidamente do que no caso de eu haver tomado um trem comum.

Isto confunde e põe em questão certas obviedades aparentes. Em que, pois, se pode ainda ter confiança, se não se pode confiar nem mesmo no relógio? Hoje a ciência põe um ponto de interrogação mesmo após a pressuposição usual de que o tempo conduziria linearmente do passado ao futuro, o que a gente bem pode imaginar: O tempo não é um trajeto, mas uma dimensão. Enquanto "espaço-tempo" ele constitui a quarta dimensão, ao lado das três dimensões espaciais que são comprimento, largura e altura.

A gente não consegue mais imaginar isto. E certamente são também bem poucos os que entendem isto. Eu, em todo caso, não entendo. O tempo é e permanece "um enigma profundamente confuso, tão corriqueiro e, no entanto, tão obscuro" (Agostinho).

Finalmente!

O decisivo sinal de aviso acende-se. O alto-falante se manifesta. E após mais um minuto meu trem está nos trilhos.

Entretanto, o tempo já estava no limite – mesmo que eu não saiba o que é verdadeiramente o tempo.

55 Um olhar da janela

Em minhas viagens de trem, gosto de me sentar à janela. Quero ver algo, vivenciar como a paisagem lá fora me modifica. Quero, em meio à constante mudança das imagens, perder tão pouco quanto possível.

"*Pantha rhei* – tudo flui": No trem pode-se meditar bem sobre esta sentença de Heráclito. Tudo flui, eu quase não tenho tempo de olhar direito. Em uma questão de segundos uma imagem substitui a outra. E para as pessoas lá fora que olham para o trem correndo nós fluímos. Tudo está em movimento – um permanente vir a ser e perecer.

Percorro frequentemente o mesmo trajeto. Ele perpassa o *Mittelland* suíço densamente povoado, passa por casas e estradas, campos, florestas e rios, linhas de alta tensão e autoestradas. O belo e o feio estão em uma vizinhança imediata: A uma construção imponente e desconsoladamente cinzenta, rodeada de máquinas de construção e de centeio, segue-se a benfazeja amplitude de um campo de trigo que se torce suavemente ao vento. O mundo parece por um momento estar em ordem, até que a bandeira de vapor de uma usina atômica rompa novamente a harmonia.

Embora pense conhecer bem esse trajeto, eu descubro cada vez algo novo e fico admirado com o fato de que, até agora, não havia percebido isto. "A gente não pode entrar duas vezes no mesmo rio", dizia Heráclito. Aplicando-se isto às minhas viagens de trem: Eu não posso perfazer duas vezes o mesmo trajeto, pois ele se transforma a cada momento, mesmo que eu não perceba. Assim como também eu me transformo de momento a momento, embora pense ser sempre o mesmo que agora sou.

"O sol é novo a cada dia" – também esta frase é de Heráclito. Durante minhas viagens eu gosto de olhar para o céu. Um pôr do sol visto da janela do trem tem sua especial beleza. O sol move-se sereno e majestoso, enquanto o trem corre. O contraste entre esses dois movimentos reforça o sentimento de viver em um universo plenamente dinâmico. Eu também gosto de me perder nas nuvens que vagam pelo céu. E, quando a caminho se anuncia uma tempestade, fico feliz.

O escritor Otto F. Walter, quando adolescente, teve uma experiência extraordinária durante uma viagem de trem de Olten a Lucerna:

> Era tarde, luz de trovoada com sombras em movimento, sol e sombra nos campos. Eu, sozinho no carro, baixei a janela e fiquei simplesmente encantado com a paisagem. Eu estava completamente dominado. Poderia ter explodido de júbilo. Chorei. Tive a impressão: isto é Deus. Foi uma imagem de paz e de harmonia de tudo com tudo.

Eu não sei se Walter também experimentaria isto se o trem estivesse cheio e ele não tivesse aberto a janela. Entretanto, estou convencido de que algo dessa admiração e dessa entrega ao que foi visto pode-se já salvar em nossos trens superlotados. E todas as fealdades com as quais me deparo em meu trajeto não conseguem sufocar totalmente a paz e a harmonia. Heráclito chega mesmo a dizer que a harmonia oculta é mais poderosa do que a manifesta.

56 Tudo se move

Parada intermediária em uma grande estação ferroviária. Eu me sento e espero. Eis que o trem retoma a viagem. Nós estamos partindo, digo eu para minha mulher.

Não é verdade, retruca ela: quem está partindo não é o nosso trem, mas o trem ao lado.

Eu olho para a plataforma e, de fato, nós continuamos no mesmo lugar. O outro trem parte na direção contrária. Se eu estiver com o olhar voltado para ele, é como se nosso trem estivesse partindo. Porém, olhando para a plataforma ou olhando através da janela que está em frente, eu vejo que nós continuamos parados.

Se eu me voltar de novo para o trem que parte ao lado, tenho de novo o sentimento de que estaríamos partindo, embora nesse ínterim eu esteja mais esclarecido. E assim eu posso brincar um pouco com esse engano, ora partindo, ora estando novamente parado, até que o último carro do outro trem tenha partido e a brincadeira chegue ao fim.

"Pelos deuses, eu fico totalmente tonto quando vejo isto!" Nesta brincadeira isto pode facilmente acontecer com alguém. Entretanto, a exclamação não provém de mim nem de alguém que viaja de trem, mas de um antigo grego, Teeteto. Ele havia descoberto quão enigmático é o mundo, e não deixou mais de se admirar. Seu mestre, Sócrates, retrucou: "Seu estado, a admiração, é típico de um filósofo. Com efeito, não há outro início da filosofia além da admiração".

Agora, com um leve solavanco, nosso trem parte. Desta vez não há qualquer dúvida, eu sinto a leve vibração do carro, constata-se com certeza: nós estamos partindo!

Não ter qualquer dúvida é útil, agradável e também importante, quando se trata de coisas bem corriqueiras. Eu não gostaria de sempre ter de pôr em dúvida tudo o que eu percebo, penso e faço.

Inversamente, uma falta de dúvida pode deixar alguém besta. E isto quando se trata de questões fundamentais: O que é a verdade? O que é a realidade? O que é mesmo que importa?

Quem aqui quiser dar uma resposta, não pode temer a dúvida. Gerações de pensadores quebraram a cabeça com essas questões, e até agora quase todas as respostas foram mais cedo ou mais tarde reconhecidas como insatisfatórias ou falsas.

Minhas dúvidas sobre qual trem agora está partindo e qual trem está parado foram certamente eliminadas com rapidez e a verdade era inequivocamente certa. Entretanto basta a gente cavar um pouco mais profundamente para já de novo estar perante incertezas e nada mais: Que significa, por exemplo, eu constatar que nós estamos parados ou que estamos partindo? Eu creio estar descrevendo com isto um fato objetivo. Uma realidade. Porém isto vale apenas a um nível relativo.

Se a gente ampliar um pouco mais a escala, não existe mais de maneira nenhuma a diferença entre estar parado e estar em movimento, pois que *tudo* está permanentemente em movimento. A ciência fornece a este respeito números impressionantes: a Terra gira a cerca de 1.000 quilômetros por hora em torno do próprio eixo e a 100.000 quilômetros por hora em torno do Sol. O sistema solar, por sua vez, gira a 800.000 quilômetros por hora em torno do centro da Via Láctea.

É um milagre que essas velocidades inimagináveis não nos arremessem no infinito e que nós nem mesmo fiquemos tontos com isto.

Entretanto, é um milagre ainda maior que eu esteja sentado totalmente descontraído em um trem, olhe pela janela e veja um mundo estável, ordenado.

57 A vida contemplada pelo lado de trás

Sempre que possível eu busco no trem um assento à janela na direção para onde estou viajando. O mesmo acontece com a maioria dos que viajam comigo; esses lugares são cobiçados e ocupados rapidamente. Nem sempre eu consigo apanhar um. Então, sem querer, eu viajo olhando para trás. Eu invento que não gosto disto.

Será que eu não gosto realmente disto?

Viajar olhando para trás tem sua própria atratividade: permite olhar para o passado. Certamente eu não vejo o que me vem ao encontro, porém vejo o que está atrás de mim. A cada segundo emerge algo novo. Mal eu o percebo, já passou novamente. Com extrema rapidez o presente se torna um passado para o qual eu ainda posso olhar por um breve momento.

Quando viajo olhando para a frente, frequentemente o novo pode ser visto de longe e eu posso me ajustar a isto. O que vem parece de algum modo previsível e sob controle. Eu quase poderia imaginar ter a coisa "em punho" e poder, a qualquer momento, intervir a fim de influenciar o curso das coisas. Uma ilusão, eu sei, mas bastante agradável.

Quando viajo olhando para trás, sempre estou atrasado. Não tenho tempo para me preparar. Sou surpreendido. De repente está aí algo – e de novo já se foi. Entretanto, por alguns segundos, permanece o olhar.

Por não saber, quando viajo olhando para trás, o que me aguarda, eu também não preciso nem posso, de maneira nenhuma, fazer qualquer coisa. Eu posso me encostar e deixar que as coisas passem por mim.

Viajar olhando para trás é uma verdadeira escola de vida.

A primeira e mais importante lição é a seguinte: Eu não sei o que o futuro traz. Posso, certamente, imaginar e posso às vezes tomar alguma providência – porém muita coisa vem diferente do que eu havia planejado, desejado ou temido. Portanto, não compensa me preocupar muito.

A segunda lição: Muita coisa não está em meu poder. Minhas possibilidades são limitadas. Há coisas que eu não posso influenciar. O futuro não está apenas em minhas mãos. E frequentemente eu não posso senão permitir o que possa vir.

A terceira lição: Somente olhando para trás eu posso de algum modo pôr as coisas em ordem. Se eu reconhecer em minha vida qualquer coisa como um padrão, então isto se dá apenas ao olhar retroativamente para o tempo que está atrás de mim. "Só podemos viver olhando para frente; mas, apenas olhando para trás, compreendemos a vida", escreve Sören Kierkegaard.

Olhando para trás eu posso seguir as pegadas da minha vida. Eu vejo ou pelo menos pressinto que sentido têm para minha vida os acontecimentos do passado. Quanto mais longe regredir o olhar, tanto mais as muitas vivências formam um todo. Caso haja algo assim como uma providência, então apenas pouco a pouco ela pode ser reconhecida.

Quando, a caminho, o trem para e alguns compartimentos se esvaziam, os que ficaram mudam-se rapidamente para os assentos desocupados à janela na direção para onde viajam. Os novos ficam a ver navios; eles têm de viajar olhando para trás.

Mas, onde quer que eu me sente, uma coisa permanece igual: Enquanto lá fora tudo se modifica e o futuro transita no passado com a rapidez de um relâmpago, eu, no trem, enquanto observador, estou sempre no presente. Donde quer que eu venha, aonde quer que eu vá, agora eu estou sentado no trem e olho da janela.

O que um ser humano sente como presente corresponde, segundo os conhecimentos da ciência, a uma unidade de meros três segundos. Este é o curto intervalo entre dois pestanejares: um momento. E o momento é, segundo Kierkegaard, "aquela coisa ambígua em que tempo e eternidade se tocam mutuamente". Se eu perceber este momento singular, então não é mais importante se estou viajando olhando para frente ou para trás.

58 O roteiro de viagem e as questões últimas

Faz parte de uma viagem de trem um roteiro de viagem. Em minha estante de livros ele está imediatamente vizinho à Bíblia, e também em termos de volume ele pode concorrer facilmente com o livro dos livros. Eu não sei de qual dos dois livros lanço mão mais frequentemente. Cada um é útil a seu modo.

O roteiro de viagem é a mais alta representação de um mundo rigorosamente ordenado (o que a gente não pode afirmar incondicionalmente em relação à Bíblia). Ali tudo tem seu tempo calculado exatamente em termos de minutos. Ali não há um "mais ou menos" e um "talvez", muito menos um "se Deus quiser". Pelo contrário, está dito, preto no branco, quando é que, como viajante, estarei onde. Eu gosto de confiar em dados assim exatos, mesmo se na prática eles nem sempre são confiáveis. A empresa ferroviária frequentemente encontra dificuldade em observar os horários; atrasos são antes a regra que a exceção.

Uma vida segundo um roteiro de viagem parece desejável a pouquíssimas pessoas, soa sem atrativo e monótona. O que torna a vida assaz interessante e colorida são os muitos acontecimentos pequenos e grandes que não podem ser planejados. Nenhuma nuvem passa no céu segundo um roteiro de viagem, nenhuma flor desabrocha e murcha segundo tempos firmemente preestabelecidos. E o amor não se atém de maneira nenhuma a roteiros de viagem.

Por outro lado, uma vida totalmente sem roteiro de viagem é quase impensável. A isto se ligariam incertezas em demasia. O roteiro de viagem promete ordem e estrutura a vida. O acaso é mais ou menos eliminado, quase tudo se deixa calcular e se torna planejável. No espartilho do roteiro de viagem a vida parece segura.

O filósofo Immanuel Kant chegou nisto a uma verdadeira maestria. Todo o seu dia era fixado por meio de um decurso sempre igual, do levantar-se às 4h45min da manhã até o passeio noturno às 19h. Os habitantes de Königsberg costumavam acertar os relógios pelos passeios do filósofo.

Uma moral da pontualidade assim tão rígida tem sem dúvida seus lados positivos. Eu também gosto das coisas exatas e confiáveis; sob este aspecto eu entendo bem o obstinado sábio com sua acentuada necessidade de ordem. Entretanto, noto também como sofro quando me fixo com demasiada rigidez às minhas concepções. Pois a vida não segue nenhum roteiro de viagem. Sobra sempre um resto de incerteza. E frequentemente as coisas acontecem de modo bem diferente do previsto. Então eu posso esquecer meus planos.

Isto também ocorreu com Kant. Quando uma vez um passeio durou um pouco mais do que o esperado, ele entrou em pânico e só se tranquilizou novamente quando o deixaram em casa. Por sinal ele quase nunca deixou sua cidade natal Königsberg.

Nas minhas próprias quatro paredes eu poderia ficar horas a fio folheando o volumoso roteiro de viagem. Entretanto o roteiro de viagem não é um substitutivo para a viagem. Em algum momento eu tenho de partir. O roteiro de viagem é útil apenas à medida que me ajuda a entrar no trem certo na hora certa.

Certamente o mesmo vale também para o outro livro volumoso que se encontra em minha estante – a Bíblia. Ela não é nenhum substitutivo para a vida. Ela mostra uma direção, um caminho, porém eu mesmo tenho de perfazê-lo.

De resto, ela silencia sobre detalhes. Nada de indicar tempos, distâncias e lugares. Ela me deixa adentrar o incerto – isto, porém, em toda liberdade. Nisto ela excede o roteiro de viagem.

59 Informação e inspiração

Quando de manhã cedo estou a caminho, no trem, eu me concentro no jornal. Enquanto lá fora a paisagem vai passando, eu percorro mundos estranhos através da leitura.

Entretanto, ultimamente tenho deixado o jornal de lado e olhado mais pela janela. Talvez isto seja um fenômeno próprio da idade. Porém há momentos nos quais a torrente cotidiana de informações se torna excessivamente grande para mim. Eu não posso ler tudo, não posso saber tudo. Prefiro ver como lá fora as sombras dão lugar à noite e o novo dia irrompe.

Por muito tempo eu achava que enquanto jornalista teria de estar de algum modo informado sobre todos os acontecimentos ditos importantes. Isto era, em primeiro lugar, um peso e, em segundo lugar, uma ilusão, já que muitos acontecimentos importantes jamais encontram espaço nos canais midiáticos internacionais.

Hoje minhas pretensões são mais modestas: Eu tento manter sob o olhar as grandes linhas, sem me perder em detalhes. Estou convencido de que nós somos ao mesmo tempo superinformados e desorientados – e de que existe uma conexão entre essas duas coisas. Menos seria mais.

"De uma vez por todas eu não quero mais saber tudo", declara Friedrich Nietzsche. Mais importante do que a quantidade do saber era para ele a concentração nas questões essenciais da existência. Sabedoria de vida, mais do que profusão de saber.

De qualquer maneira, ninguém pode saber tudo. Já nos tempos de Nietzsche era assim. Por outro lado, seria estupidez não querer saber simplesmente nada. Portanto, após um longo tempo olhando da janela, eu retorno a meu jornal e continuo lendo.

Eu quero?

Ou creio ter de querer?

Não sei.

Frequentemente encontram-se no bagageiro jornais que alguém deixou. Curioso como sou, pego um de cada. Então pode acontecer que eu me decepcione: o jornal é de ontem. Passou-se um dia, e o papel impresso agora só me entedia. Por que ontem eu haveria pensado ter de ler esse jornal se hoje ele já não me interessa mais?

No século XVI, num tempo em que a quantidade de saber disponível ainda era muitas vezes menor do que hoje, declarou Santo Inácio: "Não é o muito saber que sacia a alma, mas o ver e o degustar interiormente as coisas".

Hoje isto é manifesto: as muitas informações não alimentam. Elas são engolidas rapidamente, quase não podem ser digeridas e dificilmente estão à disposição do público.

Entretanto, Inácio não aconselha apenas recusar o saber, mas também um trato consciente com as informações. Alimento plenamente valioso em vez de *fast food*. Ruminar devagarzinho em vez de engolir bem depressa. E dar-se bastante tempo para saborear e digerir. Assim não é possível empurrar em si mesmo uma quantidade excessiva de informações.

Viagens de trem se prestam bem para esta transição entre informação e contemplação. Ao olhar para o jornal se segue o olhar da janela, então se retorna ao jornal. A leitura torna-se mais lenta e ganha em profundidade. O mundo começa a ordenar-se, e eu sei onde é o meu lugar e o que tenho de fazer.

Quando desço, eu deixo para trás o jornal no bagageiro. Talvez alguém ainda possa lê-lo antes de ele ser recolhido e amassado como papel velho.

60 O conselho da roda

No trem, a gente tem o agradável sentimento de estar deslizando através da paisagem. Na realidade, o trem roda sobre inúmeras rodas que giram em alta velocidade em torno do próprio eixo. Eu não sei quantos giros essas rodas fazem durante a viagem de uma hora. Deve ser uma quantidade enorme.

Chegando à estação, as rodas giram cada vez mais lentamente até pararem enfim. Quando o trem, após uma pausa mais curta ou mais longa, refaz o mesmo trajeto, as rodas começam novamente a girar, desta vez na direção inversa.

Se a roda pudesse pensar, isto lhe pareceria absurdo. Primeiramente ela tem de girar em uma altíssima velocidade em uma direção, depois vai exatamente na direção oposta. E no final está de novo no ponto de partida.

"Que é isto?" – perguntaria uma roda às outras, porém elas também não saberiam dar nenhuma resposta. "É simplesmente assim", talvez dissessem elas.

Nós sabemos. Ao girar, a roda perfaz um trajeto. Pode até ser que isto não tenha qualquer utilidade para a roda, porém ela está a serviço de algo maior. Ela gira para mover adiante um veículo. Ela é parte de um todo que tem sentido – neste caso, um trem.

Entretanto, presumindo-se que o trem pudesse igualmente pensar, ele também pode considerar a viagem um tanto sem sentido. Por que deve ele viajar dúzias de quilômetros para logo depois retornar e no final estar parado ali onde começou?

Nós sabemos. O trem transporta pessoas que querem ir a um lugar qualquer e bens pelos quais uma pessoa qualquer espera. O que lhe parece sem sentido tem com certeza seu sentido.

Mas pode ser que alguns viajantes tenham viajado em vão de um lugar a outro, porque o que fora planejado não se realizou ou porque eles estavam no trem errado. Também eles hão de se perguntar por que tiveram de fazer essa viagem.

Desta vez nós não o sabemos. Há coisas que simplesmente acontecem, sem que saibamos por quê. No entanto, é imaginável que haja um outro nível, um nível mais alto, visto do qual também essa viagem aparentemente sem sentido tenha seu sentido. Só que esse nível não nos é acessível. Nós também não podemos provar sua existência. É objeto da fé, da confiança, da esperança: Nada haveria de ser em vão, nada seria perdido para sempre. Por trás dos fenômenos simples deste mundo poderia estar uma Ideia que os reunisse no sentido de um todo, pleno de sentido.

Mas, como foi dito, ninguém sabe disto e não há quaisquer provas. Assim sendo, retornemos a um nível que nos é acessível. Retornemos à roda.

Para que possa girar no chassi do trem, a roda tem de estar bem ancorada. Precisa ter um eixo forte. Um eixo capaz de suportar. Um centro. Precisa ter aquilo que T.S. Eliot chama o "ponto de repouso do mundo que está girando".

A roda, se pudesse falar, me daria um valioso conselho para a viagem: Por mais depressa que tudo se transforme e por mais confuso que possam parecer alguns caminhos – é o eixo que suporta. Oriente-se por ele! Ele ajuda a gente a não se perder na engrenagem da atividade cotidiana.

Mais ou menos isto me comunicaria a roda. Porém uma roda não fala. Ela gira, mesmo sem os viajantes notarem.

61 Sabedoria da insegurança

Desde que passou por uma grave crise há quase trinta anos, meu amigo F. não anda mais de trem. Ele não consegue ficar sentado tranquilamente em uma cabine e se deixar levar. Entra em pânico tão logo as portas se fecham e o trem dá partida. Eu o acompanhei algumas vezes. Nós escolhemos um pequeno trecho e deu para ir de algum modo, embora ele precisasse se dominar muito para conseguir manter sob controle a abissal angústia. Até hoje ele não se livrou de seu pânico.

De início eu não conseguia entender o que se passa dentro dele. Eu gosto de andar de trem. Entretanto, desde que vez por outra eu tento durante uma viagem me transportar para sua angústia, eu pressinto o que é que o angustia.

Estou sentado no trem.

As portas se fecham.

O trem põe-se em movimento.

Não há mais como escapar.

Por pelo menos uma hora eu estou preso (agora eu excluo a possibilidade do freio de emergência). O trem roda mais depressa. Eu não tenho qualquer possibilidade de exercer influência sobre a viagem. Eu não vejo sequer para onde ele vai; as janelas permitem apenas olhar de lado.

Paisagens vão ficando para trás. Que velocidade incrível! Não posso frear e muito menos descer.

E, se agora eu quisesse, quiçá precisasse sair a qualquer custo?

Sem chance.

Agora o destino faz com você o que ele quiser. Você está exposto, impotente, a poderes superiores.

A opressiva sensação torna-se mais intensa quando o trem passa por dentro de um longo túnel. Nada se pode ver lá fora, tudo é preto, apenas uma luz perdida aparece aqui e ali. As paredes estreitas fazem ecoar o barulho metálico do trem.

De repente ouvem-se um estampido e um solavanco nas janelas: um trem cruza. Eu vejo luzes passarem em alta velocidade. Não consigo reconhecer nenhuma das pessoas. Então vem de novo a escuridão. O túnel parece infinitamente longo, e, se ainda por cima o trem freia duramente sem que eu saiba por quê, fortalece-se o mal-estar. Tão logo nós deixamos o espaço escuro, eu me sinto aliviado.

Em parte eu sou capaz de imaginar o que ocorre com F. Porém não totalmente. Afinal eu estou muito acostumado a viajar de trem. Ou eu olho para fora da janela, ou leio ou cochilo. Não tenho qualquer medo. Confio-me ao trem e aprecio a viagem.

Essa confiança repousa sobre alguns pressupostos: O maquinista sabe o que faz; pode-se contar com ele. O trajeto é bem seguro. Desastres com trem são raros; a probabilidade de eu mesmo ser afetado por um desastre é relativamente pequena. E, finalmente: sempre sobra um resto de risco em tudo o que eu faço. A vida inteira é um risco.

Esses pressupostos, que são bastante razoáveis, eu complemento agora com um pressuposto irrazoável, que escapa a qualquer fundamentação racional: a vida é bondosa comigo.

Eu quase me assusto quando leio esta frase na tela do meu computador. Não soa nada modesta: a vida é bondosa comigo.

Porém é disto que eu parto.

Isto não significa que nada possa me ocorrer. Significa, porém, que eu estou amparado, mesmo se algo acontecesse comigo. Amparado em uma conexão grande e não transparente que eu presumo ser boa.

F. quase não viaja mais. E, quando viaja, é de carro. Aí ele se sente seguro, embora uma viagem de carro seja muito mais perigosa do que uma viagem de trem. Mas no carro ele mesmo se senta ao volante. Aí ele tem em suas mãos o seu destino. Naturalmente, isto é um engano, pois que o bem-estar do motorista depende fortemente do comportamento das outras pessoas que participam do trânsito. Entretanto, a sensação de poder ele mesmo decidir dá-lhe segurança, ainda que ilusória.

Será que eu tenho a minha vida em minhas mãos?

Eu gostaria de presumir isto. Mas não é assim.

Eu dependo de muitos fatores exteriores que não posso influenciar. As outras pessoas que participam do trânsito são apenas um exemplo disto: Por mais que eu dirija corretamente, se uma delas sair da rota e me abalroar, isto me afeta, de qualquer maneira. Não sou onipotente, mas vulnerável e, sob muitos aspectos, também impotente. Isto dá medo.

Quem não se recusa a ver essa insegurança existencial ganha em profundidade – e, paradoxalmente, também em segurança, como diz o filósofo da religião Alan Watts. "Insegurança é o resultado da tentativa de querer estar seguro", explica ele, e acrescenta: "Não há nenhum caminho para nos salvarmos a nós mesmos".

Isto é, ao mesmo tempo, desconfortável e libertador: Eu mesmo não posso – nem preciso – me salvar. Nem tudo depende de mim e nem tudo está em minhas mãos.

Apesar dessa insegurança, dizer sim à vida de todo coração – eis o grande desafio. Não apenas para meu amigo F.

62 Roma Termini

Estou no trem noturno que vai de Basileia a Berna. Entretanto não está escrito Berna, e sim Roma.

Roma!

Em Berna eu poderia, portanto, simplesmente ficar sentado – e seguir viagem. Através dos Alpes na direção da Itália, onde certamente faz um calor agradável. Na direção de Milão, atravessando a planície noturna do Pó e mais tarde ao longo dos Apeninos até a cidade eterna: Roma Termini! Ali descer de manhã cedo e ali saborear em uma *piazza* o primeiro *cappuccino*.

Um velho sonho: sair da estreiteza do cotidiano. Deixar para trás todos os incômodos e todas as obrigações. Não dizer nada a ninguém. Surpreender até a mim mesmo com isto.

Simplesmente seguir viagem. Sem preparação, sem planos, sem bagagem. Permanecer tanto quanto possível no trem até a estação final, em algum lugar, longe, bem longe.

Entretanto, eu desci ainda a tempo. Sou racional demais e, além disto, falta-me a coragem. O sonho permanece um sonho.

Antigamente as pessoas tinham ainda um sonho bem diferente: O fim do mundo! A Terra era um disco plano; portanto, terminava em algum lugar. Tinha de ser um lugar bem especial. Relativamente grande era a ânsia por visitá-lo para dar uma olhada através das fronteiras do mundo. Quem, na Europa, avançava por bastante tempo na direção do oeste, encontrava esse lugar no Atlântico. *Finis terrae* era o nome de um famoso lugar de peregrinação na costa espanhola do Atlântico: fim da Terra.

Peregrinos e aventureiros caminhavam meses a fio para chegarem a esse ponto onde o mundo delimitado com seus caminhos, colinas e florestas se perdia na amplidão infinita do oceano.

Ali eles paravam então e olhavam à distância. Talvez pressentissem algo da "plenitude do nada", tal qual descrita na mística. Talvez face ao espaço vazio eles fossem surpreendidos também por uma sensação de perdição. Ou as duas coisas juntas. Momentos de grande comoção podem ser igualmente prazerosos e assustadores.

Em todo caso, as pessoas tinham de parar. O caminho não prosseguia. Eles haviam chegado.

Quando as gaivotas faziam suas voltas gritando, as nuvens vagavam no céu e as ondas batiam na praia, os caminhantes podiam, por um momento, esquecer seus incômodos e necessidades. Nos caminhos poeirentos, eles chegavam frequentemente ao seu limite. Agora eles descobriam que seus limites pessoais se tornavam estranhamente pequenos e insignificantes ante o pano de fundo da amplidão infinita do oceano. Eles experimentavam uma liberdade que ultrapassava as muitas limitações de sua estreita vida.

Muitos haviam chegado acabrunhados, oprimidos pelos pesos de suas vidas. Eles esperavam encontrar no fim do mundo um descarrego e de novo poder andar eretos. Alguns levavam também até o fim do mundo os pesos de outras pessoas.

O fim do mundo era um lugar sagrado. Segundo a clássica definição do cientista da religião Rudolf Otto, o sagrado tem sempre dois aspectos: apavora o ser humano, e o atrai. Otto fala de um *mysterium tremendum et fascinosum*, de um mistério que desencadeia temor e tremor, porém ao mesmo tempo fascina e cativa.

O fim do mundo era, porém, apenas uma estação final passageira. Após alguns dias ou semanas os peregrinos empreendiam a viagem de volta. Talvez viessem mais leves. Talvez trouxessem para seu mundo frequentemente estreito algo da amplidão infinita do *finis terrae*.

O trem freia.

Eu desperto de meus sonhos. Ouço o distintivo familiar da Dreiton® e a mensagem: "...nós estamos chegando a Berna". Eu junto minhas coisas e desço.

O trem segue viagem sem mim. Logo estou em casa.

Quando na manhã seguinte eu despertar, meu trem está no Roma Termini. Ali o sol brilha e faz um calor agradável.

Na fronteira

A fronteira é o lugar verdadeiramente frutífero do conhecimento.
Paul Tillich

Dentro dos limites, nós direcionamos o olhar para o perfeito, o impossível, inalcançável... No contraste entre o possível e o impossível, ampliamos nossas possibilidades.
Ingeborg Bachmann

63 Na alfândega com o sutra do coração

É noite. Cai uma chuva fina. Os para-brisas empurram as gotas para a esquerda e para a direita. Deixamos para trás um dia longo, fatigante, no lado francês da cordilheira Jura.

Na alfândega suíça, o funcionário manda passar um carro após outro. Somente nós somos instados a parar. Justamente nós! Eu estou ofendido e o xingo, chamando-o baixinho de imbecil.

Ele queria saber se nós portávamos mercadoria.

Não, nenhuma.

Isto parece não o convencer. Ele nos dirige a um estacionamento e quer ver o porta-malas.

Um infortúnio está a caminho, eu sei: estou perdido.

Enquanto nós descemos, o demônio da ira me apanha por trás com toda força. Os velhos monges sabiam alguma coisa a este respeito, porém agora isto me é de pouca utilidade; o demônio já me tem sob seu controle. Eu me escuto murmurando algumas ofensas indelicadas, enquanto o funcionário revolve minhas bolsas. Eu sei que isto não é justo. Além do mais, é contraproducente. Pois agora nós temos de levar todas as bagagens até uma barraca onde o empregado da alfândega as examina uma a uma sob a luz fraca de uma lâmpada de néon. Eu estou de pé ao lado, fustigo-o com um frio desprezo e fervo de indignação.

Segundo Evágrio Pôntico, a fúria é o mais impetuoso de todos os demônios. Ela pode devorar um ser humano. Quem é atacado por ela deve tentar livrar-se dela tão rapidamente quanto possível – em todo caso, o mais tardar antes do cair da noite. "Não deixe o sol se pôr sobre sua fúria!", escreve Evágrio apoiando-se em uma palavra do Apóstolo Paulo.

Quanto mais tempo eu passo vendo o empregado da alfândega revolver minhas roupas e as restantes miudezas, tanto mais estranha, quase já ridícula, me parece toda a cena. Que teatro estranho é encenado aqui? Mas eu não sou apenas espectador; eu represento também, no papel da pessoa ofendida que está de pé cheia de rancor dentro da barraca. Por que eu me aflijo tanto?

O empregado da alfândega não encontra, naturalmente, nada suspeito, isto eu sei há muito tempo e saboreio meu sentimento de uma secreta superioridade, o qual no entanto é um engano, pois que na realidade *ele* é muito superior a mim. Ele não se deixa desconcertar pelo viajante furioso, e faz seu trabalho em silêncio.

O que é que ele tem agora na mão?

Um livro volumoso que está no bolso lateral da bolsa de viagem: "O sutra do coração. Aspectos da doutrina sapiencial budista".

Que vexame!

O que estará agora simplesmente pensando de mim aquele homem? Eu fui extremamente sem coração, sem qualquer sabedoria. E ele com aquele livro! O contraste não podia ser maior.

Entretanto o empregado da alfândega o põe de novo de lado; parece não o interessar. Entretanto há aí coisas realmente dignas de sérias reflexões. Por exemplo: "Quando nós não tomamos demasiadamente a sério nossa percepção da realidade e permitimos a outras pessoas ter a sua própria percepção há menos conflitos".

Finalmente o funcionário quer ver ainda meu documento de identidade e desaparece com ele na estação alfandegária. O que ele faz ali? Será que está dando uma busca no computador a meu respeito? Será que está lavrando um auto? Ou está matando um pouco do tempo para me castigar?

Após alguns minutos ele retorna, põe em minhas mãos o documento de identidade e – sim, eu ouvi direito – nos deseja uma boa viagem.

Eu murmuro um agradecimento embaraçado e entro no carro. Nós partimos. Atrás de nós, no crepúsculo, desaparecem as luzes da estação alfandegária. Não deixe o sol se pôr sobre sua fúria...

64 A doutrina do vazio

Que alguém leia um livro cheio de sabedoria a respeito do sutra do coração e depois tropece em uma pequena história, uma história corriqueira, é algo que faz vergonha. Mas também esse sutra não é nenhuma receita patenteada para uma vida equilibrada, embora possa tranquilamente ter por efeito produzir equilíbrio em alguém.

O sutra do coração é um pequeno texto de doutrina budista do século IV. Ele liga em poucas palavras o mundo relativo dos fenômenos ao mistério do Absoluto, a realidade cotidiana à realidade última.

A frase central reza: Forma não é senão vazio, vazio não é senão forma.

Esse vazio (ou vacuidade) não deve ser entendido como falta. É, antes, o princípio originário que subjaz a todos os fenômenos, a verdadeira natureza de todos os fenômenos. Isto não significa que as coisas não existam. Entretanto, elas não são firmes e duradouras como eu penso, mas, inconstantes e passageiras. Do vazio emergem permanentemente formas que se desenvolvem, se transformam e de novo se diluem.

A cadeira na qual eu estou sentado tem uma forma, uma cor, um peso. Evidentemente ela existe e me suporta. Entretanto, mais cedo ou mais tarde não existe mais. Em algum momento ela é queimada no depósito de lixo. Então não sobra mais nada dela além de um pequeno monte de cinzas. Vista assim, essa cadeira sólida é vazio. E o vazio é de novo forma, pois que agora eu posso estar sentado na cadeira.

Saber que tudo o que surge é passageiro pode deixar a pessoa triste, mas também pode deixá-la confiante. Triste é o fato de as belas coisas não durarem eternamente e um dia passarem. Consolador é o fato de isto valer também para as coisas ruins.

Forma não é senão vazio.

Vazio não é senão forma.

A isto se acrescenta uma outra coisa: Uma forma nunca existe para si apenas. Ela surge sempre articulada com inúmeras outras formas – e na dependência delas. Não há uma forma "em si". O que quer que eu contemple é sempre o resultado de um concurso de inúmeros fatores e acontecimentos. Também o meu Eu não é uma grandeza firme, isolada. Preciso de ar e luz, água e alimento, e ainda muitas coisas mais. Eu sou parte de um todo, inserido em uma grande rede de relações.

Forma não é senão vazio.

Vazio não é senão forma.

A filosofia do vazio dilui todas as fixações e coações. Ela ajuda a gente a não se agarrar tão firmemente às formas que rapidamente mudam, o que apenas gera medo e sofrimento. Ela abre a porta para uma ilimitada liberdade que desde o início estava aí e sempre há de aí estar.

Se eu estiver consciente do vazio, também detalhes ridículos como uma fiscalização alfandegária desagradável perdem em peso. O pensamento entra no fluxo, ideias e opiniões fixas diluem-se e as proporções são postas em ordem de maneira salutar.

Forma não é senão vazio.

Vazio não é senão forma.

Embora esse sutra pareça tão simples, seu conteúdo é bastante complexo. A gente nunca dá conta dele. E não basta analisar o sutra – é preciso saboreá-lo e degustá-lo e recitá-lo sempre de novo.

Assim essas dez palavras podem nos ajudar a encontrar o equilíbrio interior, são um verdadeiro remédio, um medicamento, uma meditação.

65 O velho na montanha

Estações alfandegárias marcam uma transição. Algo chega ao final e começa algo novo. O que era não é mais. O que há de ser não é ainda. Esse espaço entre os mundos tem algo de misterioso. O conhecido transforma-se no desconhecido. A tristeza da despedida toca a alegria do recomeço.

Quem chega a uma estação alfandegária tem de deter-se e ficar parado. A viagem é interrompida, a fronteira não pode simplesmente ser ultrapassada. Antes, questões são lançadas e identidades são examinadas: quem é você, donde vem e para onde vai?

Hoje a gente mostra bem depressa os documentos, abre o porta-malas ou uma bagagem e também se irrita eventualmente com um funcionário de alfândega que seja demasiadamente detalhista.

Mas há também transições de fronteira de um tipo bem diferente. Assim é que há mais ou menos dois mil e quinhentos anos, em um posto de fronteira na China, surgiu um dos maiores escritos sapienciais da humanidade, o Tao Te King.

A história começa com alguém que não se ajustou às convenções: Lao Tsé. Ele era dirigente da biblioteca imperial e em idade avançada tomou a decisão de despedir-se do barulho do mundo e retirar-se para uma vida de recolhimento. Abandonou sua cidade e, montado em um búfalo, retirou-se para as montanhas. Após algumas semanas, alcançou um desfiladeiro onde um guarda de fronteira o aguardava: o senhor carrega alguma preciosidade consigo?

O velho balançou com a cabeça.

O empregado da alfândega, alegre por um pouco de distração em seu posto solitário, perguntou com quem então estava tratando. Lao Tsé contou que trabalhara como arquivista na corte imperial, porém agora estava buscando a solidão e o silêncio.

Chamou a atenção do guarda o fato de que o estranho viajante não tinha quase nada consigo. Alguns víveres e algumas roupas, nada mais. Aquilo de que precisava, ele trazia em si, explicou o velho.

O guarda achou esquisito. O que será que ele queria dizer com isto?

A resposta de Lao Tsé soava enigmática. Ela falava do ser humano interior, que exteriormente agia como se fora um louco e ansiava por viver anonimamente na obscuridade.

O guarda pressentiu que estava tratando com um ser humano extraordinário. Não queria simplesmente deixá-lo partir. Antes, ofereceu-lhe uma boa refeição e um lugar para passar a noite e lhe pediu que anotasse suas sabedorias.

Finalmente o velho permaneceu por três dias e escreveu. Com um pincel de tinta, ele desenhou cinco mil sinais sobre um papel branco confeccionado manualmente. Então ele entregou ao guarda todo o maço de papéis, montou em seu búfalo, despediu-se e foi adiante. Jamais alguém o viu novamente.

Esta história é bonita demais para ser verdade. Faltam dados históricos seguros, e a coleção de sentenças de Lao Tsé remonta provavelmente a autores diversos, desconhecidos.

O título do livro, *Tao Te King*, significa: "O livro do caminho e de sua força". Trata-se aí de uma aproximação ao centro, à realidade última oniabrangente, que envolve e penetra todo o universo.

Lao Tsé não examina a fundo esse mistério. Também não lhe dá nome nem o explica. Apenas o insinua. Em uma das sentenças consta o seguinte: “Quem fala não sabe, quem sabe não fala”. E em um outro: “Palavras grandiosas não são verdadeiras, palavras verdadeiras não são grandiosas”.

Que contraste com o mundo de hoje, tão barulhento, tão loquaz.

Um Lao Tsé não se impõe importunamente. Ele fala baixinho. Prefere calar-se a perder palavras desnecessárias. Ele não tem de provar nada a ninguém, muito menos a si mesmo.

Lao Tsé busca o segredo mais íntimo de todos os fenômenos ao ousar penetrar aquele vazio extremo no qual todas as formas se diluem. Ele vê através de todos os movimentos, até o ponto mais íntimo, o ponto de apoio: a origem de todo ente.

Através do barulho do mundo, ele ouve o grande silêncio.

E esse silêncio, diz ele, devolve ao mundo a correta medida.

66 Cinco vezes em torno da Terra

No total silêncio, ouço o pulsar de meu coração. A válvula mecânica que há alguns anos foi implantada em meu coração faz um clique a cada pulsação. Ela abre-se para deixar o sangue adentrar a aorta e se fecha novamente para que o sangue não reflua.

Clic, clic, clic.

Eu posso ouvir meu coração trabalhando incansavelmente. Diariamente ele bate duzentas mil vezes para bombear o sangue através de meu corpo. No decorrer de meus cinquenta e cinco anos de vida, ele transportou até agora cerca de cem milhões de litros de sangue. Se essa quantidade toda fosse envasilhada, isso daria uma fila infinitamente longa de carros-pipa.

O clique me lembra que meu coração trabalha incansavelmente enquanto eu posso em plena descontração me encostar e ler ou conversar com alguém. Ele trabalha para mim.

Quando me dou conta dos inúmeros fatores que concorrem em meu corpo para que haja esse ser humano que sou eu, só me resta ficar admirado. Eu leio números que em sua magnitude simplesmente ultrapassam minha capacidade de imaginação: 25 bilhões de glóbulos vermelhos estão em meu corpo. Postos eles em série, isso daria um cordão tão longo, que poderia envolver a Terra cinco vezes. Isto quase lembra o "cordão vermelho" do místico inglês William Blake, o qual deve conduzir o ser humano ao portão celeste no muro de Jerusalém.

Quando então eu me ponho a caminhar, ponho muito obviamente um pé ante o outro. Entretanto, antes mesmo de eu poder dar um único passo, têm de trabalhar em minha cabeça os cerca de cem bilhões de células nervosas que estão interligadas através de uma rede de um milhão de quilômetros. Isto também é inimaginável. Entretanto, eu estou apenas levantando um pé e dando o primeiro passo.

Depois de implantada a nova válvula em meu coração, o cirurgião que havia executado essa operação tecnicamente ousada disse que, para ele, era sempre um grande milagre o corpo ser capaz de, em um tempo relativamente curto, fechar e curar por si mesmo uma chaga tão grande. Ele não podia de maneira nenhuma contribuir muito para isto. A mim já causa admiração o fato de após um corte no dedo tudo sarar novamente sem que eu tenha de fazer qualquer coisa.

O violoncelista espanhol Pablo Casals escreve em suas memórias que se teria de dizer a cada criança o que ela é propriamente: "Você é um milagre! Olhe para seu corpo – que milagre! Suas pernas, seus braços, seus dedos, seu caminhar. Sim, você é um milagre. E quando for adulto você será então capaz de causar dor a um outro que como você mesmo é também um milagre?"

E o que vejo eu quando olho no espelho? Um milagre, ou apenas uma cara cansada?

Que percebo eu quando ouço o clique da minha válvula cardíaca? Apenas um barulho incômodo? Ou o pulsar do Ser que se manifesta em mim de um modo singular?

Às vezes eu percebo algo diferente: o coração me faz consciente, com o clique de cada pulsação, de que o tempo está passando. O número de batidas pode ser infinitamente grande no decorrer de uma vida, porém é limitado. Um dia chega o último clique. O *memento mori* no compasso de segundos do bater do coração me angustia silenciosamente, mas tem também seu lado positivo: lembra-me quão preciosa é a vida – e quão valioso é cada momento.

67 Visitando o Eu

Um dia se segue ao outro, e eu noto que estou ficando pouco a pouco mais velho. Cresce o número dos dias pelos quais já passei. Quantos ainda virão, não sei. Porém a conta do tempo que está à minha disposição não é ilimitada. Um dia se esgotará.

Às vezes eu folheio no álbum de fotos para contemplar estágios diversos de minha vida até agora. Não são necessariamente os acontecimentos mais importantes que estão retratados aí. Em compensação, eu vejo sempre de novo, em inúmeras variantes, este ser humano que já há um bom meio século diz "Eu" e, no entanto, é cada vez um outro.

Eu me vejo.

Mas, sou eu realmente?

A primeira fotografia foi feita poucos dias após meu nascimento: Uma pequena foto em preto e branco com bordas farpadas. Um bebê que mantém os olhos semifechados e agita a mão no ar.

Que tem a ver esse bebê comigo?

Não vejo quaisquer semelhanças entre mim e o montículo indefeso de ser humano. E também não posso me lembrar que fui isso. Tenho de crer nas pessoas que mo dizem.

Mais tarde a coisa se torna um pouco mais simples: Já na foto de um ano eu descubro traços fisionômicos que são semelhantes aos meus. Mas, também aí, nenhuma recordação. Esse ser humano que ri alegre e despreocupadamente para a câmera sou eu?

Vem então o menino de sete anos no primeiro ano de escola. Parece tímido e também um pouco mal-humorado. Começa a seriedade da vida, e isso parece não ficar bem nele. Esse guri que eu devo ter sido tem razão.

Tênues recordações me associam ao moço de dezesseis anos que aparece em frente à Igreja na blusa engomada de crismando. O mesmo vale para o recruta de vinte anos que parece desajeitado e ridículo em seu uniforme. E, quando contemplo o homem de vinte e sete anos com seus cabelos longos e encaracolados, eu recuo a um tempo que se passou há muito tempo e, no entanto, de repente está aí de novo.

"Isto é você!", diz-se então quando eu contemplo as fotografias junto com pessoas conhecidas. Ou às vezes também em tom de interrogação: "Isto é você?"

Sou eu? Sou eu aquele ser humano que vejo no álbum de fotografias? A pergunta não pode ser respondida assim tão facilmente. De um lado eu sou esse ser humano, pois provim dele e ele vive em mim até hoje. De outro lado, eu não o sou, pois já há muito tempo não existe mais o ser humano da foto. Quase tudo se modificou ao longo de meus cinquenta e cinco anos de vida. Permaneceu este Eu que deve ser sempre o mesmo.

Mas, que é esse Eu?

Não é meu corpo, pois enquanto bebê eu era diferente do que sou hoje, além do que dentro de sete anos a maioria das células do corpo são renovadas.

Também não podem ser os pensamentos, pois eles mudam constantemente.

Tampouco os sentimentos, já que no berço certamente eu me sentia diferente do que me sinto hoje perante o computador.

O que então constitui esse Eu?

Questão difícil. O Eu não pode ser fixado em formas, experiências e conceitos determinados. Não é uma coisa que exista por si só, destacada do fluxo do tempo. Compõe-se de muitos fatores existenciais e está sempre em movimento. Flui e é dependente de inúmeras condições que estão igualmente no fluxo. É como a chama de uma vela que de momento a momento se modifica e, no entanto, permanece sempre a mesma. Assim, continuidade e mudança se associam no Eu de modo estranhamente paradoxal.

Enquanto folheio no álbum, este Eu se me torna sempre mais enigmático. Agora não sei nem se eu sou esse ser humano retratado no álbum, nem se há de fato este Eu com o qual eu hoje me identifico. Uma questão complicada.

Está mais do que na hora de fechar o álbum. Senão eu me perco totalmente.

68 A senha da vida

Até agora viveram sobre esta terra 106 bilhões de seres humanos. Nunca dois seres humanos foram totalmente iguais. Cada um e cada uma existem uma única vez. Com outras palavras: nunca antes eu existi e nunca mais existirei. Somente eu me tornei eu, somente eu posso ser eu.

O filósofo da religião Romano Guardini diz: "Eu fui dado a mim". Isto significa: No início de minha vida não está um acaso e nenhuma decisão própria e nenhum esforço próprio, mas um presente. Eu fui dado de presente a mim. Eu me recebi. A isto estão associadas uma tarefa e uma responsabilidade: tornar-me quem sou.

Na realidade acontece também frequentemente algo diferente: eu tento tornar-me quem eu *não* sou ao curvar-me perante ideais e expectativas alheios. Eu desempenho papéis que são dados previamente, penso e me movo dentro de modelos fixos e me oriento por uma série infinitamente longa de convenções. Isto parece ser um caminho seguro por ter sido trilhado, recomendado ou prescrito por outros. Mas, com certeza, ele não conduz a mim.

Eu fui dado a mim mesmo, diz Guardini.

Entretanto, isto nem sempre me alegra. Às vezes eu não me suporto a mim mesmo. Às vezes sofro com minhas imperfeições e deficiências. Então eu gostaria de ser um outro. Neste ponto inicia-se, segundo Guardini, uma forma especialmente exigente de ascese: "Eu tenho de renunciar ao desejo de ser diferente do que sou; um outro em relação ao que eu sou". Ou, formulado positivamente: "Eu devo estar disposto a ser o que sou. Disposto a ter as qualidades que tenho. Disposto a estar dentro dos limites que me são postos".

Esses limites tornam-se sempre mais claros ao longo dos anos: Eu não sou tudo, não posso tudo e não tenho tudo. Muitas coisas dão certo apenas pela metade; outras, não. A própria biografia apresenta algumas deficiências. E no final eu me deparo com o limite absoluto de todas as minhas possibilidades: a finitude.

Quando já idoso, Romano Guardini teve um sonho estranho. Ele ouvia uma voz que lhe dizia que a todo ser humano é dada uma palavra para levar consigo pelo caminho. Essa palavra seria como uma senha que abre portas para tudo o que acontece no decorrer da vida. Seria tarefa e responsabilidade, força e fraqueza, proteção e perigo. E a tarefa do ser humano seria fazer as pazes com essa palavra.

Chegado ao final de seu caminho, Guardini encontrou a certeza de que sua vida, assim como a vida de qualquer outro ser humano, está sob um desígnio. Escapa ao arbítrio do acaso. Tem um sentido.

Guardini anotou essa descoberta em um papel que foi encontrado em seu espólio. Ele não diz nada mais a respeito dessa palavra que brilha como uma estrela sobre cada vida, e é diferente para cada ser humano.

Seria belo conhecer essa palavra. Mas, isto acontece raramente. No mais das vezes ela permanece obscura e quase não pode ser decifrada. Temos de nos contentar com um leve pressentimento. Presumivelmente é uma palavra sem palavras, mais próxima do silêncio do que da linguagem.

Entretanto, já a pressuposição de que pudesse existir tal palavra nos faz confiantes.

69 A última fronteira

Eu sou eu, assim como você é você. Entretanto nós dois trazemos em nós uma herança comum: A astrofísica parte do pressuposto de que os tijolos infinitamente pequenos do corpo humano, os átomos, provêm originariamente de uma estrela que se apagou há muito tempo. No ser humano reflete-se, assim, não apenas sua história individual, mas a história do cosmos inteiro.

Nós somos pó de estrela.

Isto significa, entretanto: Minha história pessoal, limitada a algumas décadas, é parte de uma história infinita. Em mim vive ainda algo que já existia há muito, muito tempo antes de mim. Eu vivo em uma grande torrente que jorra através dos tempos.

Donde provém ela? Aonde conduz?

Ninguém o sabe.

A maior parte das pessoas reflete sobre aquilo que vem após a morte. Apenas poucas pessoas se perguntam o que houve antes de seu nascimento e de sua geração. Mas, quer olhemos para a frente, através da fronteira da morte, quer olhemos para trás, através da fronteira da entrada nesta vida, em ambos os casos nós não vemos nada. Nada, simplesmente. Aqui está posta a todo conhecimento uma barreira insuperável.

Por ser difícil viver com esse limite, as pessoas sempre refletiram sobre existências anteriores, reencarnação e uma vida após a morte. Nestas questões eu assumo o ponto de vista de um agnóstico, que diz: não sei. Entretanto, eu confio que minha vida limitada não seja uma unidade isolada, mas um recorte de uma realidade maior. O que eu designo como minha pessoa e percebo como "Eu" é um fenômeno pouco duradouro, passageiro, na torrente do tempo, um redemoinho talvez ou uma onda. A torrente continua fluindo quando eu não existir mais. E eu estarei superado nela.

Naturalmente eu continuo vivendo também nos descendentes, na memória de algumas pessoas, naquilo que criei e em algumas fotos que permanecem. Porém isto tudo dura apenas algumas décadas, então também os últimos vestígios de mim haverão desaparecido definitivamente.

Mas, apenas sobre esta Terra. Pois teoricamente é possível que em alguns milhares ou milhões de anos alguém de uma estrela bem distante olhe com um telescópio para a Terra e me veja como eu agora estou sentado e escrevendo ao computador. Assim como nós hoje podemos olhar para o passado descobrindo no céu noturno a luz de uma estrela que se apagou há milhões de anos.

A ciência diz: o que passou não passou. Nada se perde. Desde a explosão inicial o universo está permanentemente se expandindo, e todo acontecimento é levado com a velocidade da luz às amplitudes infinitas do universo.

E eu imagino: bem longe, em algum lugar na Via Láctea, um dia eu poderei ser visto quando há muito eu não existir mais aqui sobre a Terra. Ali eu serei presente quando aqui eu for passado.

Esta perspectiva cósmica não é nenhuma prova de minha imortalidade. Entretanto, ela situa minha vida mortal em um contexto infinitamente amplo, o que, face à morte, é consolador. Meu Eu é transitório e, no entanto, eu não estarei perdido.

70 Os caminhos se separam

Todo passeio tem um fim, mas não necessariamente um termo. Isto vale também para os setenta passeios reunidos neste livro. Estamos nos aproximando do fim. Porém o livro não está pronto. Ele nunca está pronto. Ele é continuado por você, assim como por mim. Novos capítulos são acrescentados. Então eles não estão mais impressos em papel entre duas capas; estão inscritos no livro da vida. Deste livro há tantas edições quantos são os seres humanos. E cada edição é um exemplar único.

"Bons leitores fazem um livro sempre melhor", diz Nietzsche. Eu acrescentaria: Eles o fazem melhor ao continuarem a escrevê-lo. O autor e suas histórias passam a segundo plano. As leitoras e os leitores são agora os autores de sua própria história.

Com isso nossos caminhos se separam. Eu vou continuar passeando. Você também, talvez. Enquanto isto, uma coisa nós sabemos: o movimento lento, sem objetivo, cria espaço e gera conhecimento. E isto simplesmente faz bem. Isto é vitalmente necessário. Enquanto pudermos passear, nós somos livres. Mesmo quando apenas os pensamentos passearem, pois que as pernas não mais suportam.

Uma das mais belas cartas que eu recebi a respeito do meu primeiro livro *Como um místico amarra os seus sapatos?* provém de uma senhora idosa – "antiquíssima", segundo ela própria – que eu não conheço pessoalmente. Ela me escreveu que cada manhã lia um pouco no livro e aí fazia uma experiência admirável: "Acontecia cada vez algo estranho. Um sentimento engraçado em meu semblante: velha, você ri! Esse encantamento acontecia sempre de novo, continuava agindo ao longo do dia, fazia-me mais amável e mais aberta". Com seu riso, essa mulher continuou escrevendo meu livro.

Seu riso não era de propósito. Ela mesma está surpresa ao constatar o que se passa aí em seu semblante. Talvez ela seja atormentada pelos incômodos da velhice, de modo a não ter necessariamente um motivo para estar alegre. Entretanto, o riso não precisa de motivo. Ele vem, é um presente; um sim sereno à vida.

O riso não é nenhuma cobertura de açúcar sobre o mundo difícil. Mas ele cria alguma distância em relação ao mundo, que assim pode ser percebido e avaliado de um modo novo. Aquela senhora idosa diz em uma frase simples e bela o que então acontece: "O aqui se torna um lugar amável".

Essa amabilidade, presumo, não reside no fato de o lugar ser especial. Ela reside no olhar da mulher. Um olhar amável desloca até mesmo um mundo não amável para uma luz suave, conciliadora, que pode nos deixar alegres.

Assim, também horas difíceis podem mais facilmente ser suportadas. Ou atravessadas a passeio: O passear tem, em comum com o rir, certa leveza. Por mais séria que a vida possa ser em longos trechos, ela não merece aquela seriedade última que nós frequentemente lhe concedemos. Antes é mais conveniente uma atitude de alegre serenidade. Ela pode transformar o aqui em um lugar amável. Não para sempre, mas sempre de novo.

No final eu lhe desejo, cara leitora, caro leitor, muitos passeios belos e inspiradores. E se, no seu passeio, um cachorro cruzar seu caminho latindo, não se deixe intimidar. Ele pode ser seu mestre.

Obrigado!

Os setenta textos reunidos neste livro tiveram uma primeira leitora: Corina. Ela ficou, horas a fio, sentada por trás de meus projetos, leu-os, corrigiu-os e os criticou mais de uma vez. Tomou em consideração desde simples falhas de fluência até questões fundamentais de conteúdo. Anotou cada vez a lápis, na margem do texto, o que, em sua opinião, teria de ser modificado.

Fazer crítica é difícil. Mais difícil ainda é aceitá-la. Corina teve um trabalho ingrato. Eu reagia às vezes um tanto rabugento quando via suas muitas correções. Eu pensava já ter alcançado a meta, porém ela me enviava mais uma vez ao caminho. Compensou. A crítica de Corina fez um bem infinito ao livro – e a mim também! Por isto eu dedico também meu segundo livro à minha amada primeira leitora.